Chögyam Trungpa

Buddhas Rezept für die
Befreiung vom Leiden

Chögyam Trungpa

Buddhas Rezept für die
Befreiung
vom Leiden

Die Vier Edlen Wahrheiten

Herausgegeben von Judith L. Lief

Aus dem Englischen von
Michael Wallossek

WINDPFERD

Titel der Originalausgabe *The Truth of Suffering and the Path of Liberation*
Shambhala Publications, Inc.,
P. O. Box 308, Boston, MA 02117
© 2009 by Diana J. Mukpo
Aus dem Englischen übertragen von *Michael Wallossek*
Der Verlag dankt Heike Sauer für die Durchsicht der Übersetzung
im Sinne des Vermächtnisses von Chögyam Trungpa und des Copyrightinhabers.

1. Auflage 2012
© 2009 Windpferd Verlagsgesellschaft mbH, Oberstdorf
Alle Rechte vorbehalten
Umschlaggestaltung: KplusH Agentur für Kommunikation und Design, CH-Amden,
Dharmarad: unter Verwendung einer Illustration von iStockphoto
Layout und Grafik: Marx Grafik und ArtWork
Gesetzt aus der Warnock
Druck: Himmer AG, Augsburg

Printed in Germany
ISBN 978-3-86410-012-3
www.windpferd.de

„Dieses wundervolle Buch erläutert die Vier Edlen Wahrheiten des Buddhismus auf eine erfrischend neue Art und Weise. Dabei bleibt es stets auf Tuchfühlung zu den überlieferten Quellen. Chögyam Trungpa Rinpoche war, welch unglaubliches Glück, mein persönlicher Lehrer, mein Wurzellehrer. Umso mehr freut es mich, dass nun dieses neue Buch mit seinen Unterweisungen erhältlich ist und Trungpa Rinpoches tief gehendes Verständnis auf diese Weise weiterhin allen Leserinnen und Lesern zugute kommen kann."

Pema Chödrön

„Für jeden Wahrheitssuchenden eine Quelle von unschätzbarem Wert. Mit entwaffnender Aufrichtigkeit und voller Humor weist Trungpa Rinpoche uns den Weg durch die Lehren des Buddha. Dabei konfrontiert er uns nicht nur mit der Tatsache, dass wir uns viele falsche Vorstellungen machen, sondern zugleich führt er uns vor Augen, welches Potenzial uns tatsächlich innewohnt."

Sharon Salzberg

„Anhand einer der grundlegendsten buddhistischen Unterweisungen verhilft Trungpa Rinpoche uns Schicht für Schicht zu Einsicht und Verständnis. So wie er den Dharma meistert, tritt in dieser scheinbar schlichten Unterweisung ein unerschöpflich tiefer Quell zutage – für Anfänger ebenso wie für weiter fortgeschrittene Praktizierende von unschätzbar großem Wert."

John Daido Lori

„Wahrhaftig und unverfälscht spricht aus diesem Buch Rinpoches Stimme zu uns und legt die fundamentalen Lehren des Buddhismus über den Kreislauf des Leids und die Freiheit vom Leid so dar, dass diese für jeden von uns zutiefst inspirierend sind."

Tulku Thondup Rinpoche

Inhalt

Vorwort der Herausgeberin — 9
Die erste Drehung des Dharma-Rads — 17
Einführung — 20

Die Erste Edle Wahrheit — 25
Die Wahrheit vom Leid — 25
Erstes Kapitel: Die Realität des Leids anerkennen — 26
Zweites Kapitel: Die Erfahrung des Leids analysieren — 34

Die Zweite Edle Wahrheit — 57
Die Wahrheit von der Entstehung des Leids — 57
Drittes Kapitel: Die Kraft der aufflackernden Gedanken — 58
Viertes Kapitel: Die Entwicklung fester Muster — 64
Fünftes Kapitel: Immer wieder aufs Neue hervorgebrachtes Leid — 70

Die Dritte Edle Wahrheit — 89
Die Wahrheit des Aufhörens — 89
Sechstes Kapitel: Erwachen und erblühen — 90
Siebtes Kapitel: Meditation als der Weg zur Buddhaschaft — 96
Achtes Kapitel: Über Samsara und Nirvana hinausgelangen — 103

Die Vierte Edle Wahrheit — 119
Die Wahrheit des Weges — 119
Neuntes Kapitel: Der von Zweifel freie Weg — 120
Zehntes Kapitel: Die fünf Pfade — 127

Die Meditationspraxis — 151
Kerninstruktionen und Leitlinien — 151

Der Aufbau der Unterweisungen	154
Glossar	161
Textquellen	171
Kontaktadressen und weitere Anknüpfungspunkte	173
Dank	176
Register	178
Anmerkungen	187
Die Autoren	190

Vorwort der Herausgeberin

In großer Klarheit und mit tiefem Verständnis legt Chögyam Trungpa in diesem Buch die buddhistischen Unterweisungen zu den Vier Edlen Wahrheiten dar. Anhand dieser, wie es scheint, einfachen Unterweisungen fördert er systematisch immer subtilere und tiefgründigere Verständnisebenen zutage. Gelehrte Ausführungen zur Thematik verknüpft er kunstvoll mit einer erfrischend zeitgemäßen, auf die Dharmapraktizierenden unserer Tage zugeschnittenen Interpretation. Wie ein großer Jazzmusiker richtet Chögyam Trungpa sein Augenmerk zunächst auf ein zentrales Thema, das er eingehend erkundet, ehe er mit freien Phrasierungen zu einem improvisatorischen Höhenflug ansetzt, um letztlich wieder auf die grundlegenden Strukturen und Prinzipien des eingangs gewählten Themas zurückzukommen. Das Thema, über das er spricht, stellt er in der für ihn typischen Manier immer wieder in einen Zusammenhang mit denjenigen Formen einer meditativen und kontemplativen Praxis, die durch solche Unterweisungen erst mit Leben erfüllt werden.

Als elfter Trungpa-Tulku und Abt des Klosters Surmang in Osttibet ist Chögyam Trungpa Rinpoche (1940-1987) in aller Form in der klösterlichen Tradition Tibets ausgebildet worden. (Der tibetische Ehrentitel *Rinpoche* bedeutet „Kostbare/r" oder „kostbares Juwel". Und der Titel *Tulku* bezeichnet Menschen, die als Reinkarnation beziehungsweise als spiritueller Nachfolger eines bestimmten Lehrers angesehen werden.) Nach dem Einmarsch der chinesischen Kommunisten musste Trungpa Rinpoche, wie so viele seiner Landsleute, aus Tibet fliehen. Auf der Flucht gelangte er nach Indien. Von dort reiste er später nach Großbritannien weiter, wo er an der Oxford

University abendländische Kunst und Kultur studierte, ehe er 1970 nach Nordamerika zog. Trungpa Rinpoche kam als einer der ersten tibetischen Lamas in die USA und nach Kanada. Er wurde zu einer Schlüsselfigur für die Weitergabe des tibetischen Buddhismus an westliche Schüler.

Chögyam Trungpa Rinpoche war, und ist bis heute, ein innovativer Lehrer. Unablässig hat er mit neuen Formen experimentiert, die es ihm erlaubten, den Dharma so zu übertragen, dass er in der westlichen Gesellschaft unserer Zeit Fuß fassen konnte – nicht als etwas fremdartig oder exotisch Anmutendes, sondern als hier bei uns lebendige, dennoch unverfälschte Überlieferung. Dazu griff er weder auf jene altvertrauten pädagogischen Ansätze zurück, die sich eher für tibetische Mönche und Nonnen eignen, noch legte er den Dharma in der trockenen Sprache akademischer Gelehrsamkeit dar. Vielmehr hat er die Lehren zu neuem Leben erweckt, indem er sich einer unmittelbaren, von exotischen Zutaten oder kulturellen Fallen und Fußangeln freien Sprache bediente – und zwar der englischen Sprache! Das war ein radikaler, damals durchaus umstrittener Ansatz.

Chögyam Trungpa verfügte über eine unglaubliche Fähigkeit, so zu kommunizieren, dass jeder Schüler glaubte, er unterhalte sich mit ihm beziehungsweise mit ihr ganz persönlich. Rinpoche gelang es, die Unterweisungen in den Kontext der Alltagserfahrungen gewöhnlicher Menschen zu stellen und einen Weg aufzuzeigen, wie Laien als „Yogi mit eigenem Hausstand" ihr Leben mit der Praxis und dem Studium des Dharma in Einklang bringen können. Bei seinen Darlegungen blieb er zugleich der Überlieferung in ihrer ganzen Tiefe treu. Im Westen hat er zwar lediglich 17 Jahre lang Unterweisungen gegeben (von 1970-1987), aber dennoch einen unermesslich großen Einfluss ausgeübt, der sich bis heute kontinuierlich weiter entfaltet.

Die Vier Edlen Wahrheiten zählen zum völlig unverzichtbaren Kernbestand der buddhistischen Überlieferung. Der Buddha hat diese Unterweisungen in einer der ersten Lehrreden nach seiner Erleuchtung erteilt. In einem Sutra mit dem Titel: „Die erste Drehung des Dharma-Rades" sind sie schriftlich festgehalten worden. (Ein

Auszug aus diesem Sutra wird auf S. 17 wiedergegeben.) In späteren Unterweisungen ist der Buddha immer wieder auf die Vier Edlen Wahrheiten zu sprechen gekommen. Dort hat er die ursprüngliche Fassung dann weiter ausgeführt und erläutert.

Im vorliegenden Buch wendet Chögyam Trungpa sich den Vier Edlen Wahrheiten aus dem Blickwinkel des Praktizierenden zu. Eine Darlegung der Sicht – des intellektuellen Verständnisses – verbindet er mit einer Erörterung ihrer Anwendung. Er geht, mit anderen Worten, der Frage nach, wie diese Sicht in die Praxis umgesetzt werden kann.

Zu erkennen, in welchem Maß wir in unseren Leid verursachenden Gewohnheitsmustern, unseren durch Gewohnheit geprägten Verhaltensmustern, feststecken, ist von größter Wichtigkeit. Darauf weist Trungpa Rinpoche mit allem Nachdruck hin. Zwar denken wir wahrscheinlich lieber an das, was uns glücklich macht, und überlegen, wie wir noch glücklicher werden können. Gerade deshalb jedoch, weil wir dem Glück blindlings hinterherstolpern, sitzen wir ja in der Falle. Die Erste Edle Wahrheit, die Wahrheit vom Leid, spricht das klipp und klar aus: Leid ist real, und es ist eine unvermeidliche Erfahrung. Für den Praktizierenden besteht der Ausgangspunkt darin, die eigene Situation kühl, sachlich, aufrichtig und leidenschaftslos in den Blick zu fassen. Mit jener Vermeidungsstrategie, die wir uns schon so lange angewöhnt haben, genau wie mit unserem Wunschdenken zu brechen ist völlig unerlässlich.

Wir erfahren Leid. Sobald wir uns nicht länger dagegen sperren, dieser Tatsache ins Auge zu sehen, haben wir die Möglichkeit, seine Ursache zu untersuchen. Grundlegende Unwissenheit und Begehren, so besagt die Zweite Edle Wahrheit, sind die Ursache des Leids. Trungpa Rinpoche erörtert diese Wahrheit mit Blick auf jene subtilen Veränderungen, durch die aus Gedanken zuerst Fixierungen, dann Emotionen wie Eifersucht und Hass und schließlich Handlungen werden.

Durch Meditation, darin liegt ihr besonderer Wert, lernt die/der Meditierende dieses Muster frühzeitig zu erkennen und ist somit in der Lage, solch subtile Veränderungen der Gedanken zu erfassen, bevor sie sich zu schädlichen Handlungen mit ihren unvermeidlichen Auswirkungen ausweiten.

Die beiden ersten Wahrheiten beinhalten gewissermaßen eine Realitätsprüfung, die uns erst in die Lage versetzt, von einer verlässlichen Grundlage auszugehen. In Form der Dritten Edlen Wahrheit, der Wahrheit vom Aufhören, entwickeln wir dann ein Gefühl für etwas, das zu unserer bisherigen Erfahrung in Kontrast steht und uns so zu einer derartigen Betrachtung der eigenen Erfahrung befähigt. Daraufhin begreifen wir: Uns vom Leid zu befreien ist möglich. Haben wir erst einmal beide Aspekte erfasst – wie das Leid entsteht und wie wir darüber hinaus selbst dafür sorgen, dass es sich immer weiter fortsetzt –, vermögen wir uns nicht nur von seinen Auswirkungen zu befreien, sondern auch von den zugrunde liegenden Ursachen.

Ohne Einsicht in die Möglichkeit, dass das Leid ein Ende nehmen kann, würden wir uns wohl kaum auf Dauer dieser Praxis widmen. Die Vorstellung von Erleuchtung, der Befreiung von Leid, wäre ansonsten lediglich eine ganz vage, sehr ferne Möglichkeit. Aber auch gewöhnliche Praktizierende erfahren Unterbrechungen im Kreislauf des Leids. Wir alle erleben Anzeichen von Erwachen und Transformation, mag dies vielleicht auch nur vorübergehend, nur dann und wann der Fall sein. Wir sollten, sagt Trungpa Rinpoche, zwar nicht darauf aus sein, unbedingt solche von Fortschritt zeugende Hinweise zu finden. Nichtsdestoweniger ist es wichtig, dass wir solche Erfahrungen wertschätzen und sie uns zunutze machen, um immer größeres Vertrauen in uns selbst und in den Dharma zu entwickeln.

Haben wir dann einen Fingerzeig auf die uns verfügbaren Möglichkeiten erhalten, inspiriert uns das, tatsächlich auch alles in unseren Kräften Stehende zu unternehmen, um dort hinzugelangen. Die Vierte Edle Wahrheit ist daher die Wahrheit des Weges. Seit den Zeiten des Buddha sind zahlreiche Leitlinien entwickelt worden, die dem Schüler eine Hilfestellung auf dem Weg zur Erleuchtung geben sollen. Zugleich muss jeder Schüler in sich und für sich selbst einen eigenen Weg finden. Ohne ein gewisses Bemühen geht das zwar nicht, andererseits lässt Verwirklichung sich jedoch keinesfalls fabrizieren. Verwirklichung ist Bestandteil des Weges, von diesem nicht zu trennen. Wer den Weg geht, überwindet die Verwirrung und erwacht zu Weisheit – so selbstverständlich und natürlich, wie die Sonne im Osten aufgeht.

Dieses Buch beruht auf Vorträgen, die Trungpa Rinpoche im Rahmen einer als „Vajradhatu Seminare" bezeichneten dreimonatigen Ausbildung gehalten hat. Solche jährlich stattfindenden Retreats bot er für seinen engsten Schülerkreis an. Diese Seminarform hat Trungpa Rinpoche entwickelt, um erfahrenen Schülern eine detaillierte Landkarte für den buddhistischen Weg an die Hand zu geben und sie tief in die Meditationspraxis eintauchen zu lassen. Intensive Meditationspraxis in der Gruppe hat den geeigneten Boden bereitet, auf dem diese Unterweisungen Wurzeln schlagen und gedeihen konnten – nicht als abstrakte Theorie, sondern in Form praktischer Leitlinien für die Meditierenden. Nachdem Trungpa Rinpoche seine Kernunterweisungen auf diese Weise vermittelt hatte, brachte er darüber hinaus den Wunsch zum Ausdruck, sie auch einem größeren Personenkreis zugänglich zu machen, sobald die Zeit dafür reif sein würde.

Der tibetischen Tradition gemäß hat Trungpa Rinpoche diese Seminare in Entsprechung zu den drei aufeinander aufbauenden Praxis- und Verwirklichungsstufen strukturiert: dem Hinayana, oder „kleineren Fahrzeug", dem Mahayana, oder „größeren Fahrzeug", und dem Vajrayana, dem „unzerstörbaren Fahrzeug". Das Hinayana, verkörpert durch den *Arhat*, bezieht sich auf den individuellen Entwicklungsweg; das Mahayana, verkörpert durch den *Bodhisattva*, verweist auf die Vereinigung von Weisheit und mitfühlendem Handeln; das Vajrayana, verkörpert durch den *Siddha*, verweist auf den Weg furchtlosen Einsatzes und spirituellen Wagemuts.

Die wortgetreue Übersetzung von Hinayana mit „kleineres Fahrzeug" könnte den Eindruck erwecken, verglichen mit den beiden anderen Fahrzeugen sei es weniger hochentwickelt oder von geringerem Wert. Gemäß der Überlieferung des tibetischen Buddhismus legt das Hinayana jedoch das Fundament für den gesamten Weg.

Im Verlauf dieses Weges baut jedes der drei Yanas, oder Fahrzeuge, auf dem Verständnis des vorherigen auf. Das Hinayana wird also keineswegs zurückgelassen, wenn ein Schüler weitergeht auf dem Weg – zum Mahayana oder Vajrayana –, sondern es bleibt nach wie vor da. Man kann die Yanas mit einer Reihe konzentrischer Kreise vergleichen, bei denen der nächst größere jeweils alles Vorherige voll mit einschließt. Die drei Yanas bauen aufeinander auf, bestärken einander fortwährend, eines trägt zur Entfaltung und Bereicherung des anderen bei. Die Vier Edlen Wahrheiten bilden die Grundlage für das Hinayana und für den gesamten buddhistischen Weg.

Zur Darstellung der Vier Edlen Wahrheiten und anderer Unterweisungen gehört traditionell eine Vielzahl von Listen, Begriffen und detaillierten Entwürfen, durch die das Ganze zu einer trockenen Lektüre werden kann. Doch als Bezugssystem und als Lernhilfe, auf die sich immer wieder zurückgreifen lässt, können solche Entwürfe andererseits unschätzbar wertvolle Dienste leisten. (Werfen Sie in diesem Zusammenhang bitte einmal einen Blick auf den Abschnitt „Der Aufbau der Unterweisungen" auf S. 154.) Mit seinen Ausführungen zu den Vier Edlen Wahrheiten knüpft Trungpa Rinpoche eine Verbindung zwischen solchen traditionellen Darstellungen der Lehrinhalte und unserer persönlichen Erfahrung auf dem Weg. Er spricht die Möglichkeit an, immer tiefer gehende Einsichten in die Natur des Geistes und der eigenen Erfahrung gewinnen zu können, und er zeigt uns, wie wir anderen Menschen diese Einsichten vermitteln können.

In seiner Darlegung der Vier Edlen Wahrheiten bezieht Chögyam Trungpa sich an zahlreichen Stellen auf die Unterweisungen Jamgon Kongtruls (1813-1900), eines hoch angesehenen Meisters, Gelehrten und Schriftstellers des tibetischen Buddhismus, der auch zu den Mitbegründern der Ri-me-Bewegung (Ri-me: nichtsektiererisch) zählt. Jamgon Kongtrul hat ein über 100 Bände umfassendes Werk hinterlassen. Besonders bekannt sind seine „Fünf Schatzsammlungen" *(Five Treasuries/The Treasury of Knowledge)*, ein mehrbändiges, das ganze Spektrum des tibetischen Buddhismus umfassendes Werk. Trungpa Rinpoche hat, wie viele andere tibetische Lehrer, gewöhnlich eine Kompaktausgabe dieses Werks bei sich gehabt und sie immer wieder zu Rate gezogen.

Bei den Vier Edlen Wahrheiten handelt es sich nicht einfach nur um altehrwürdige Unterweisungen. Zugleich sind sie von höchster Aktualität. Ungeachtet der Tatsache, dass sie über Jahrhunderte hinweg vom Lehrer an den Schüler weitergegeben wurden, lassen sie sich unmittelbar auf unsere ganz persönliche Erfahrung beziehen. Das Muster der Vier Edlen Wahrheiten – der Wahrheit vom Leid und von der Entstehung des Leids, ferner der Wahrheit des Freiseins von Leid und des Weges zur Befreiung – wiederholt sich in jedem Augenblick. Darum haben wir in jedem Moment die Wahl: Wir haben es selbst in der Hand, ob unser Leid sich fortsetzt, oder ob das Muster, auf das dieses Leid zurückzuführen ist, sich nicht weiter ausprägt, wir vielmehr einen Vorgeschmack von Befreiung erhalten.

Grundlage für die Vier Edlen Wahrheiten sind unsere ganz gewöhnlichen menschlichen Erfahrungen. Indem wir uns auf ebendiese Erfahrungen beziehen und nicht versuchen, ihnen zu entgehen, können wir uns befreien. Das entsprechende Potenzial, so die radikale Botschaft des Buddhismus, ist jederzeit verfügbar, bereits in uns vorhanden. Was wir daraus machen, hängt einzig und allein von uns selbst ab. Von niemandem sonst.

Mögen die Unterweisungen zu den Vier Edlen Wahrheiten allen Leid erfahrenden Wesen, die sich nach Befreiung sehnen, von Nutzen sein. Möge Chögyam Trungpa Rinpoches Vermächtnis sich weiterhin entfalten, indem es den Weg des Buddha und der Meditation erhellt, außerdem der buddhistischen Praxis und dem damit einhergehenden Verständnis noch größere Kraft verleiht, damit wir mit den Herausforderungen des Alltags in der modernen Gesellschaft umzugehen verstehen.

Judith L. Lief

Die erste Drehung des Dharma-Rads

Die erste Lehrrede nach seiner Erleuchtung, so heißt es, gab der Buddha im Hirschpark, an einem unweit von Varanasi gelegenen Ort in Indien, der heute Sarnath heißt. Dort hat er zum ersten Mal den Edlen Achtfachen Pfad und die Vier Edlen Wahrheiten dargelegt. Das bezeichnet man als die erste Drehung des Dharma-Rads.

Brüder, vier Wahrheiten gibt es: die Existenz des Leids, die Ursache des Leids, das Aufhören des Leids und den zu diesem Aufhören führenden Weg. Ich nenne sie die Vier Edlen Wahrheiten. Deren erste ist die von der Existenz des Leids. Geburt, Alter, Krankheit und Tod sind Leid. Trauer, Wut, Eifersucht, Sorge, Unruhe, Angst und Verzweiflung sind Leid. Getrennt sein von denen, die man liebt, ist Leid. Zusammen sein mit denen, die man hasst, ist Leid. Begehren, Anhaften und Festhalten an den fünf Daseinsgruppen ist Leid.

Brüder, die zweite Wahrheit ist die von der Ursache des Leids. Weil die Menschen unwissend sind, können sie die Wahrheit über das Leben nicht erkennen und werden von den Flammen des Begehrens, der Wut, Eifersucht, Trauer, Besorgnis, Angst und Verzweiflung erfasst.

Brüder, die dritte Wahrheit ist die vom Aufhören des Leids. Die Wahrheit vom Leben zu verstehen führt zum Aufhören allen Kummers, allen Leids, und lässt Frieden und Freude entstehen.

Brüder, die vierte Wahrheit ist die vom Weg, der zum Aufhören des Leids führt. Dies ist der Edle Achtfache Pfad, den ich gerade erläutert habe. Der Edle Achtfache Pfad wird unterstützt durch ein Leben in Achtsamkeit. Achtsamkeit führt zu innerer Sammlung und zu Verstehen, was euch von allem Kummer und allem Schmerz befreit und schließlich zu Frieden und Freude führt. Diesen Weg der Verwirklichung zu gehen, will ich euch anleiten.

Auszug aus: *Wie Siddhartha zum Buddha wurde* von Thich Nhat Hanh, erschienen bei Theseus im J. Kamphausen Verlag, Bielefeld

*Die Wahrheit vom Leid
und der Weg zur Befreiung*

Einführung

Wir werden als Menschen geboren, worüber wir uns ziemlich gut im Klaren sind, und wir müssen für den eigenen Fortbestand sorgen und unser menschliches Dasein wahren. Darum atmen wir und halten so die für den Körper lebensnotwendigen Zirkulationsprozesse und Pulsrhythmen in Gang. Darum nehmen wir Speisen zu uns, die uns mit Nährstoffen versorgen, und zum Schutz vor der Witterung tragen wir Kleidung. Allein dadurch – indem wir einfach nur essen, Kleidung tragen und schlafen, um mit dem Tageslicht aufzuwachen und weiter Nahrung zu sammeln, die wir zu uns nehmen – können wir allerdings den eigenen Fortbestand nicht gewährleisten. Da geschieht noch etwas anderes, das über diese Ebene hinausgeht: Auf der emotionalen Ebene haben wir den Eindruck, akzeptieren oder zurückweisen zu müssen.

Manchmal fühlen wir uns sehr einsam, und manchmal fühlen wir uns beengt. Wenn wir uns einsam fühlen, suchen wir uns eine Partnerin beziehungsweise einen Partner, einen Freund, eine Freundin oder eine/n Geliebte/n. Haben wir aber zu viele, dann verspüren wir eine Art Platzangst und weisen einige von ihnen zurück. Manchmal fühlen wir uns wohl. Alles hat sich für uns auf ideale Weise entwickelt. Wir haben Gesellschaft, tragen wärmende Kleidung, haben Essen im Magen und so viel zu trinken, dass wir keinen Durst leiden. Wir sind zufrieden. Doch jeder dieser Faktoren, die zu unserer Zufriedenheit beitragen, kann dahinschwinden. Vielleicht haben wir Gesellschaft, hingegen nichts Gutes zu essen; oder wir haben gutes Essen, allerdings keine Gesellschaft. Manchmal haben wir etwas Gutes zu essen, bleiben aber durstig. Manchmal sind wir über *eine* Sache glücklich, über andere Dinge jedoch unglücklich.

Dafür zu sorgen, dass es bei diesen Myriaden von Dingen mit all ihrem Auf und Ab gut läuft, ist wahrhaftig keine Kleinigkeit. Wirklich sehr schwierig. Damit haben wir, wie sich herausstellt, alle Hände voll zu tun. Alles auf Idealniveau zu halten – welch ein Projekt! Ein gleich bleibendes Glücksgefühl zu wahren erweist sich praktisch als ein Ding der Unmöglichkeit.

Manche unserer Anforderungen mögen zwar erfüllt sein, trotzdem bleiben wir weiterhin beunruhigt. „Jetzt in diesem Moment", so denken wir, „bin ich ja wirklich richtig gut gesättigt. Woher werde ich jedoch meine nächste Mahlzeit bekommen, wenn mein Magen leer ist und ich wieder hungrig bin? Momentan geht es mir zwar bestens. Woher werde ich aber einen Tropfen Wasser bekommen, wenn ich nächstes Mal Durst habe? Augenblicklich bin ich rundum eingekleidet und fühle mich pudelwohl. Falls es jedoch kalt wird oder heiß, was soll ich dann machen? An Freunden und Bekannten fehlt es mir derzeit nicht. Aber angenommen, sie meiden irgendwann meine Gesellschaft, wo werde ich neue Freunde und Bekannte finden? Falls die Person, die mir derzeit Gesellschaft leistet, beschließen sollte, mir den Rücken zu kehren, was mach ich dann?"

Das Leben kann uns mancherlei Kopfzerbrechen bereiten, und die Teile des Puzzles passen keineswegs perfekt zusammen. Doch selbst wenn sie exakt zusammenpassen sollten – was hochgradig unwahrscheinlich ist, eine Wahrscheinlichkeit von eins zu einer Million oder noch geringer –, würden Sie nach wie vor besorgt bleiben und denken: „Mal angenommen, etwas geht schief. Was dann?"

Wenn für Sie also alles zum Besten steht und Sie sich freuen, dass die Dinge derart gut laufen, wird Ihre Besorgnis nur noch größer. Denn *so* wird es vielleicht nicht weitergehen. Oft fühlen Sie sich vom Leben betrogen, weil Sie nicht in der Lage sind, Tausende Dinge gleichzeitig aufeinander abzustimmen. Auf natürliche Weise, ganz von allein, ergibt sich daraus folglich eine schmerzliche und leidvolle Erfahrung. Und die ist nicht mit Kopfweh zu vergleichen oder mit dem Schmerz, den Sie empfinden, wenn Ihnen jemand einen kräftigen Stoß in die Rippen versetzt. Vielmehr handelt es sich hier um Besorgnis, um eine ausgesprochen quälende Situation.

Manch eine/r wird sagen: „Eigentlich habe ich alles ganz gut auf die Reihe bekommen, deshalb bin ich durchaus zufrieden mit mir. Nach irgendetwas Ausschau zu halten, um mich wohler zu fühlen, habe ich gar nicht nötig." Dennoch, stets macht den Menschen Besorgnis zu schaffen. Abgesehen davon, dass wir einfach funktionieren, ist die Art und Weise, wie wir die Wand, das Gebirge oder den Himmel betrachten, die Art und Weise, wie wir uns kratzen, wie wir schüchtern lächeln, wie es bei uns im Gesicht zuckt, wie wir uns unnötigerweise bewegen – die Art und Weise, wie wir alles Mögliche tun – ein Zeichen von Besorgnis. Jede/r Einzelne ist neurotisch, so lautet die Schlussfolgerung daraus. Neurose ruft Unwohlsein und Besorgnis hervor. Und solch eine elementare Besorgnis kommt immer wieder zum Ausdruck.

In dem Bestreben, diese elementare Besorgnis zu beseitigen, stellen wir uns unbeholfen an und geraten in die entsprechenden Situationen. Wir warten mit heftiger Aggression auf; wir warten mit starker Leidenschaft auf; wir warten mit ausgeprägtem Stolz auf. Wir warten mit dem auf, was man die *Kleshas* nennt – mit verwirrten, mit widerstreitenden, Konflikte heraufbeschwörenden Emotionen. Das hat zur Folge, dass unsere elementare Besorgnis weiter andauert und sich noch mehr verstärkt. Um dieser elementaren Besorgnis willen unternehmen wir alle möglichen Dinge, wodurch wir uns immer mehr schmerzliche und leidvolle Erfahrungen einhandeln. Wir bringen unsere Aggression oder Begierde zum Ausdruck, und im Nachhinein stellen wir daraufhin fest, dass wir uns schlecht fühlen. Doch wir fühlen uns nicht nur schlecht, sondern sind in zunehmendem Maß besorgt. Andauernd ist solch ein Muster erkennbar. Wir befinden uns in einem Zustand der Besorgnis, und jedes Mal, wenn wir etwas zu unternehmen versuchen, damit wir uns besser fühlen, geht es uns anschließend nur noch schlechter. In dem Moment, in dem wir uns auf die uns eigene Art und Weise ins Zeug legen, fühlen wir uns vielleicht besser. Anschließend merken wir freilich, dass das Ganze ein kolossaler Schlag ins Wasser war und sehr schmerzhaft.

Vielleicht finden wir das sogar irgendwie komisch, im Grunde ist uns jedoch hundeelend zumute. Aber damit nicht genug, zugleich bewirken wir, dass andere Menschen sich ebenfalls ganz elend fühlen. Wenn wir Leidenschaft, Aggression und Unwissenheit ausleben, wirkt sich das nicht allein auf uns selbst aus, sondern zugleich auf jemand anderen. Und stets wird jemand anderes verletzt. Statt lediglich selbst besorgt zu sein, versetzen wir darüber hinaus also auch andere Menschen in einen Zustand der Besorgnis. Wir rufen bei ihnen Besorgnis hervor, und zugleich machen sie sich selbst Sorgen. Schließlich haben wir dann das, was man „den Teufelskreis von Samsara" nennt: Jede/r bewirkt, dass die anderen sich unwohl fühlen.

Zu diesem ungeheuerlichen Projekt, zu diesem nicht enden wollenden Missgeschick, diesem entsetzlichen Misslingen, leisten wir nun schon lange unseren Beitrag – und tun es nach wie vor. Ungeachtet der Auswirkungen, die das hat, ungeachtet der Rückmeldungen, die wir erhalten, machen wir es weiterhin. Manchmal machen wir es, ohne eine Miene zu verziehen, als sei nichts geschehen. Mit unglaublichem Getue rufen wir Samsara hervor – Elend und Leid für die ganze Welt, uns selbst inbegriffen –, und dennoch stehen wir am Ende so da, als seien wir unschuldig. Uns selbst bezeichnen wir als ehrenwerte Damen und Herren und erklären: „Nie lasse ich mir irgendwas zuschulden kommen, verursache keinerlei Probleme. Ich bin einfach ein ganz normaler Mensch in fortgeschrittenem Alter, bla bla bla. Welches lawinenartig anwachsende Ausmaß unser Getue annimmt und zu welcher Art von Dasein unser Getue führt, das ist einfach schockierend.

Vielleicht werden Sie fragen: „Sieht denn, wenn doch jede/r von uns zu diesem eigentümlichen System oder Projekt beiträgt, überhaupt jemand ein Problem darin? Könnte dann nicht jeder ganz einfach so daran mitwirken, dass wir einander gar nicht in diesem Licht zu betrachten brauchen? Für uns selbst und unsere lawinenartig zunehmenden Neurosen könnten wir dann einfach Verständnis haben. Einen darüber hinausgehenden Bezugspunkt hätten wir so erst gar nicht." Glücklicherweise – oder vielleicht unglücklicherweise – hat aber jemand erkannt, dass da sehr wohl ein Problem besteht. Man hat ihn den Buddha genannt. Er hat erkannt, dass es da ein

Problem gab. Daran hat er gearbeitet. Und er ist darüber hinausgelangt. Er hat gesehen, dass sich das Problem vermindern ließ – ja dass es nicht nur vermindert, sondern vollständig beseitigt werden konnte. Denn er hat herausgefunden, wie sich dem Problem gleich an der Quelle beikommen ließ. Aufhören ist gleich von Anbeginn an möglich.

Nicht nur für den Buddha besteht diese Möglichkeit des Aufhörens, sondern auch für uns. Seinem Weg, seinem Ansatz zu folgen sind wir bestrebt. In den 2600 Jahren seit der Zeit des Buddha sind Millionen Menschen seinem Beispiel gefolgt. Und sie waren ziemlich erfolgreich in dem, was sie getan haben: Sie konnten es ihm gleichtun. Von Generation zu Generation sind die Lehren des Buddha weitergereicht worden, sodass wir genau jetzt, genau hier, über die entsprechende Information und diese Erfahrung verfügen. Den Weg der Meditation können wir auf die gleiche Art und Weise praktizieren wie der Buddha und all diejenigen, die uns in unserer Überlieferungslinie vorangegangen sind. Die Übertragung für die Praxis, mit deren Hilfe wir Besorgnis, Täuschung und Neurose überwinden können, haben wir. Wir haben sie, und wir können es tun.

DIE ERSTE EDLE WAHRHEIT

Die Wahrheit vom Leid

Die Wahrheit vom Leid sollte erkannt werden

ERSTES KAPITEL
Die Realität des Leids anerkennen

> Unser Leid so zu sehen, wie es ist, hilft uns ungemein. Gewöhnlich sind wir derart darin verstrickt, dass wir es nicht einmal wahrnehmen. Wir schwimmen in Ozeanen, die mit dem eiskalten Wasser der Besorgnis angefüllt sind, und nehmen dabei noch nicht einmal wahr, dass wir leiden. Dies ist das ganz grundlegende Nichtverstehen. Buddhisten haben begriffen, dass wir leiden, dass Besorgnis vorhanden ist. Aufgrund dessen beginnen wir zugleich zu erkennen, dass wir von dieser eigentümlichen Erfahrung des Leids und der Besorgnis erlöst beziehungsweise befreit werden können.

Die Realität von Schmerz oder Leid ist ein ganz elementares Prinzip des Hinayana, der grundlegenden buddhistischen Lehre. Leid und Schmerz existieren – jemand muss das einfach mal aussprechen. Das ist hier keine höfliche Plauderei, sondern ein ernstes Gespräch: Schmerz existiert. Solange wir allerdings nicht verstehen, was Schmerz ist, und solange wir ihn nicht annehmen, gibt es für uns keine Möglichkeit, über diesen Schmerz hinauszugelangen. Das Sanskrit-Wort für „Leid", *Duhkha*, hat zugleich die Bedeutung „Beunruhigung", „Besorgnis", „Angst". Wir begreifen, dass wir uns ein Leben lang abmühen und abstrampeln. Wir mühen uns ab, da wir das Gefühl haben, dass wir in unserem Leben sind, was wir sind, und uns nicht ändern können. Dauernd sind wir besorgt. Warum? Weiß der Himmel! Nur weil grundlegende Gutheit, grundlegendes Gutsein, weil die von Natur aus vorhandene Gesundheit oder Ganzheitlichkeit uns innewohnt, können wir überhaupt das Gegenteil davon verspüren: Unbehagen, Besorgnis und Verwirrung. Um ein Foto machen zu können, benötigt man nicht nur Licht, sondern auch Schatten.

Schmerz ergibt sich aus Besorgnis, und Besorgnis ergibt sich aus Neurose. Das Wort für „Neurose" heißt im Sanskrit *Klesha*, auf Tibetisch *Nyönmong*.[1] *Nyön* bedeutet „Stickigkeit", „Muffigkeit" beziehungsweise „Übellaunigkeit". In hohem Maß vorhanden, bewirkt solch eine Muffigkeit Neurose – sie *ist* im Grunde Neurose. In allem, was wir tun, machen wir die Erfahrung von Nyönmong. Kratzen wir uns, ist das Nyönmong; essen wir etwas, ist das Nyönmong; sitzen wir auf dem Klo, ist das Nyönmong; lächeln wir einander zu, ist das Nyönmong. Gewöhnlich haben wir in unserem Alltag ständig das Gefühl, etwas Sonderbares, etwas nicht Gesundes zu erleben. Daher kommt es uns möglicherweise so vor, als sei das Ganze eigentlich eine Mogelpackung. Sofern wir Theisten sind, werden wir auf Gott wütend und meinen, Gott habe uns an der Nase herumgeführt. Falls wir Nichttheisten sind, sehen wir die Verantwortung dafür beim Karma. So oder so, wir haben das Gefühl, irgendwo von jemandem oder etwas betrogen worden zu sein. Daher werden wir ärgerlich und unsicher, und wir finden es mühsam, auf dem Meditationskissen zu sitzen.

In der samsarischen Welt gibt es für uns kein erleichtertes Aufatmen und keine Entspannung. Stets müssen wir uns irgendwie abstrampeln. Selbst wenn wir meinen, das Leben zu genießen, bereitet uns sogar das noch Mühe und Unannehmlichkeiten aller Art. Vielleicht versuchen wir, dies Problem zu lösen, indem wir Restaurants besuchen oder ins Kino gehen oder indem wir mit Freunden zusammen Spaß haben. Dennoch, wirkliche Abhilfe gibt es hier nicht.

Das bezeichnet man als die Erste Edle Wahrheit, die Wahrheit vom Leid. Wie es scheint, sitzen wir in der Falle, ohne Hoffnung, ohne Ausweg. Und sind wir erst einmal in einer derartigen Situation, befinden wir uns *ständig* in solch einer Situation. Andauernd erleben wir schmerzliche Dinge. Aus den Lehren des Buddha erfahren wir nicht, wie wir diesem Schmerz entgehen oder ihn hinter uns lassen können. Wir müssen unseren Seinszustand verstehen, heißt es dort lediglich. Je weitergehend wir unseren Seinszustand verstehen, umso besser verstehen wir, weshalb wir solch schmerzliche Erfahrungen machen. Je mehr wir um uns selbst bekümmert und von uns selbst eingenommen sind, so stellen wir fest, umso mehr leiden wir. Und je weniger wir um uns selbst bekümmert und von uns selbst eingenommen sind, umso weniger leiden wir.

Da wir sehnlichst ein Mittel gegen unsere Besorgnis finden wollen, sind wir stets auf Suche nach etwas, das uns vielleicht Freude bereiten könnte. Solch eine Suche ist jedoch *an sich* schon schmerzlich. Wann immer wir uns Freude erhoffen, handelt es sich um schmerzliche Freude. Unweigerlich ist das Endergebnis ganz und gar schmerzlich. In solchem Streben nach Freude besteht das Unlogische, die Ungereimtheit, des samsarischen Daseins.

Nehmen wir mal an, Sie werden reich, Sie werden zum Millionär. Damit einhergehend handeln Sie sich die Sorge ein, Ihr Geld wieder zu verlieren. Nun, da Sie zum Millionär geworden sind, wird Ihre Sorge nur noch größer. Dauernd ergeben sich derartige Situationen.

Freude aus der Perspektive des Schmerzes zu betrachten ist eine Art animalischer Instinkt: der in der menschlichen Daseinssituation vorhandene Instinkt der niederen Bereiche.[2] Ohne den Schmerz als Bezugspunkt können Sie anscheinend an nichts Freude haben. Nehmen wir an, Sie haben sich eine Flasche Wein für 2000 Euro gekauft. Sehr zu Ihrem Leidwesen haben Sie für den Kauf dieser Flasche also Ihre 2000 Euro hingeblättert. Daraufhin sagen Sie nun: „Was für ein ausgezeichneter Wein, perfekt gelagert und gereift. Jetzt wollen wir einen ganz besonderen Anlass abwarten, zu dem wir die Flasche öffnen!" Stattdessen wird daraus jedoch ein schmerzlicher Anlass. Denn Sie machen sich Sorgen: „Was, wenn jemand diesen guten Tropfen nicht zu schätzen weiß?" Sowas nennen wir „Neureichen-Samsara". Samsara ist neureich, es ist aberwitzig und verrückt, ohne Würde, und unablässig setzt es sich weiter fort.

Solange wir uns über die Daseinsfakten nicht klar werden, können wir nicht anfangen, Dharma zu praktizieren. Erst wenn wir uns in der Hitze aufgehalten haben, genießen wir es, zum Schwimmen ins kalte Wasser zu steigen. Und sind wir in der Kälte, können wir schön warme Wollsachen anziehen. Das sind naturgegebene Gegensätze. Daran ist nichts sonderlich Bemerkenswertes. Im Grunde haben wir Schmerzen. Wir leiden. Manchmal gewöhnen wir

DIE REALITÄT DES LEIDS ANERKENNEN

uns an unser Leid, und manchmal vermissen wir unser Leid, daher beschwören wir dann vorsätzlich weiteres Leid herauf. Das ist die samsarische Seinsweise.

Der buddhistische Weg beginnt mit dem Hinayana. Bezogen auf die Reise durch die drei Yanas (oder drei Fahrzeuge) könnte man das Hinayana auch als das „kleine Fahrzeug" oder das „unmittelbare Fahrzeug" bezeichnen. Es ist ganz praxisbezogen, sehr pragmatisch. Die Wahrheit vom Leid bildet seinen Ausgangspunkt: Wir alle leiden. Immer und immer wieder stellen wir solches Leid, solche Besorgnis fest. Während der Sitzpraxis könnte diese Besorgnis sich in der Form äußern, dass Sie sich wünschen, auf eine höhere Stufe der Praxis gelangen zu können, und die Meditation Ihnen dabei als eine Art transzendenter Kaugummi dient. Im Alltag werden Sie solch samsarisches Elend möglicherweise in Ihrer Nachbarschaft und in Ihrem unmittelbaren Umfeld vorfinden. Es könnte Ihre Verwandten betreffen, Ihre besten Freunde, Ihren Arbeitsplatz oder Ihre Welt insgesamt. Wohin Sie auch schauen, stets ist Besorgnis vorhanden. Ihre persönliche Besorgnis hält Sie davon ab, Ihren Abwasch zu erledigen, hält Sie davon ab, Ihre Hemden richtig zusammenzulegen oder sich das Haar zu kämmen. Die Besorgnis hält Sie davon ab, rundum ein vernünftiges Leben zu führen, denn sie bewirkt, dass Sie unaufmerksam sind und unablässig Ärger und Auseinandersetzungen haben. Gleichgültig ob solche Auseinandersetzungen sich im gesellschaftlichen oder wissenschaftlichen Bereich abspielen, ob Sie bei sich zu Hause oder in wirtschaftlichen Belangen Ärger haben, solch eine Besorgnis ist sehr schmerzlich und allzeit gegenwärtig.

Jeder Tag scheint anders zu sein. Nichtsdestoweniger läuft offenbar, was die Besorgnis anbelangt, ein Tag wie der andere ab. Dauernd macht sich in Ihrem Alltag elementare Besorgnis bemerkbar. Wenn Sie aufwachen und sich umschauen, denken Sie vielleicht daran, was Sie frühstücken werden, unter Umständen denken Sie an einen Kaffee oder ans Duschen. In dem Moment, in dem Sie dann gefrühstückt oder Ihren Kaffee getrunken haben, wird Ihnen aber sogleich klar, dass die Besorgnis immer noch vorhanden ist. Tatsächlich ist die Besorgnis stets da. Ein Leben lang weicht sie Ihnen nicht von der Seite, sitzt Ihnen vielmehr ständig im Nacken. Selbst wenn Sie womöglich äußerst erfolgreich sind – oder was man so als erfolgreich bezeichnet –, worauf auch immer sich Ihre Bemühungen richten mögen, stets sind Sie über dies oder das besorgt. Worin Ihre Besorgnis eigentlich besteht, lässt sich gar nicht genau ausmachen. Stets aber ist sie vorhanden.

Unser Leid so zu sehen, wie es ist, hilft uns ungemein. Gewöhnlich sind wir derart darin verstrickt, dass wir es nicht einmal wahrnehmen. Wir schwimmen in Ozeanen, die mit dem eiskalten Wasser der Besorgnis angefüllt sind, und nehmen dabei noch nicht einmal wahr, dass wir leiden. Dies ist das ganz grundlegende Nichtverstehen. Buddhisten haben begriffen, dass wir leiden, dass Besorgnis da ist. Aufgrund dessen beginnen wir zugleich zu erkennen, dass wir von dieser eigentümlichen Erfahrung des Leids und der Besorgnis erlöst beziehungsweise befreit werden können.

Den Hinayana-Unterweisungen zufolge müssen Sie ganz praktisch vorgehen: Gegen das Leid werden Sie nun etwas tun. Auf einer ganz persönlichen Ebene werden Sie etwas dagegen unternehmen. Zunächst einmal könnten Sie Ihre Zielsetzungen in Bezug auf das ändern, was Sie im Leben, sofern alles ideal läuft, erreichen wollen: Freude, Vergnügen, Glück. Von diesem Erwartungshorizont könnten Sie sich komplett verabschieden. Stattdessen könnten Sie versuchen, freundlich zu anderen zu sein, oder ihnen zumindest keine Unannehmlichkeiten mehr zu bereiten. Ihr Dasein könnte jemandem Schmerz bereiten – Sie könnten also versuchen, diesen Schmerz nicht länger zu verursachen.

Und was Sie selbst anbelangt: Falls Sie feststellen, dass Sie sich wohlfühlen mit Ihrer Besorgnis und Ihrer Begierde, könnten Sie sich darum kümmern, dass Sie diese Sicht der Dinge in Frage stellen. Das schafft Raum für Humor. Sobald Sie erst erkennen, welche Art von Kommunikation sich zwischen Leid und Freude abspielt, beginnen Sie zu lachen. Wenn Sie zu viel Freude haben, können Sie nicht lachen; wenn Sie zu viel Leid erleben, sind Sie ebenso wenig in der Lage zu lachen. Stehen Sie hingegen an der Schwelle zwischen

Freude und Leid, dann lachen Sie. Das gleicht dem Zünden eines Streichholzes.

Sich darüber klar zu werden, dass Sie in Ihrem Dasein tatsächlich eine derartige Besorgnis haben, ist der entscheidende Punkt, soweit es die Erste Edle Wahrheit anbelangt. Sie könnten ein großer Gelehrter sein und den buddhistischen Weg mitsamt der dazugehörigen Terminologie von A bis Z kennen – Sie selbst aber leiden trotzdem immer noch. Nach wie vor verspüren Sie eine elementare Besorgnis. Schauen Sie sich das eingehend an! Hier an diesem Punkt sprechen wir nicht über ein Gegenmittel oder darüber, wie wir diese Besorgnis überwinden können. Vielmehr kommt es zunächst einmal darauf an, überhaupt zu erkennen, dass Sie besorgt sind. Einerseits ist das so, als wolle man einem alten Hund neue Tricks oder einem Vogel das Fliegen beibringen. Andererseits gilt es, tatsächlich zu erfassen, worin Samsara besteht. Sie befinden sich mitten in Samsara. Darüber sollten Sie sich wirklich unbedingt klar werden.

Bevor Sie etwas über Samsara erfahren, haben Sie keine Vorstellung, wo Sie sind. So sehr gehen Sie darin auf, dass Ihnen jeder Bezugspunkt fehlt. Jetzt, da wir für einen Bezugspunkt sorgen, sollten Sie sich anschauen, was Sie dort machen. Schauen Sie sich an, wo Sie sich befinden und worin Sie gerade bis zum Hals stecken. Das ist eine ganz entscheidende Botschaft – der Ausgangspunkt für die beste Erleuchtungsbotschaft, die Ihnen jemals zuteil werden könnte. Auf der Ebene des *Vajrayana* würden wir möglicherweise über die Nichtdualität von Samsara und Nirvana sprechen, über grundlegende Wachheit oder über blitzartig zustande kommende Befreiung. Doch ganz gleich, worüber wir diesbezüglich vielleicht sprechen würden, all das ist in dieser ganz gewöhnlichen Botschaft zusammengefasst: Untersuchen Sie genauestens, wo Sie sich befinden!

Sich darüber klar zu werden, dass Sie bis zu den Haarspitzen in dieser schmierigen, bedrückenden, düsteren und unerfreulichen Angelegenheit namens Samsara stecken, mag in gewisser Weise eine deprimierende Perspektive sein. Sich darüber klar zu werden ist trotzdem äußerst hilfreich. Denn allein dieses Verständnis bildet den Ausgangspunkt für die Verwirklichung dessen, was wir „den Buddha, den Sie schon in der Hand halten" nennen: Über grundlegende Wachheit verfügen Sie bereits. Solche Vajrayana-Möglichkeiten tun sich genau hier auf, an diesem Punkt – indem Sie sich über Ihre samsarische Besorgnis klar werden. Das Verständnis dieser Besorgnis, die frustrierend und nichts Gutes ist, dient Ihnen als Schlüssel: Mit seiner Hilfe erschließt sich Ihnen, wo Sie sich befinden.

Die einzige Möglichkeit, mit dieser Besorgnis zu arbeiten, ist die meditative Praxis des Sitzens, die Bändigung Ihres Geistes, die *Shamatha*-Praxis. Das ist die Grundidee von *Pratimoksha*, von „individueller Befreiung": sich selbst bändigen. Indem Sie sich innerlich gesammelt in der Disziplin von Shamatha üben, können Sie sich selbst bändigen beziehungsweise sich diese eigentümliche Besorgnis ausreden. Bei den allerersten Schritten auf dem Weg des Buddhadharma geht es darum, wie es Ihnen tatsächlich möglich ist, sich selbst aus der samsarischen Neurose zu retten. So weit, dass Sie andere retten können, sind Sie noch nicht. Beachten Sie das.

Wenn Sie den Buddhadharma praktizieren, dürfen Sie nichts überspringen. Beginnen müssen Sie mit dem Hinayana und der Ersten Edlen Wahrheit. Mahayana und Vajrayana werden sich dann auf natürliche Weise hinzugesellen. Lassen Sie uns richtige Eltern sein. Statt ein 60 Jahre altes Kind zu adoptieren, weil wir die Mutter oder der Vater von jemandem sein wollen, der es bereits zu etwas gebracht hat, setzen wir lieber in der eigenen Ehe ein Kind in die Welt. Wir möchten gern miterleben, wie unser Kind geboren wird und heranwächst, sodass wir zu guter Letzt ein Kind haben, das tüchtig ist und über positive Eigenschaften verfügt, weil wir es dahingehend erzogen haben.

Wie man im Hinayana, Mahayana und Vajrayana schrittweise vorangeht, wird von Seiten des Buddha wie auch der Überlieferungslinie eingehend dargelegt. Ohne ein solides Fundament im Hinayana werden Sie jene Mahayana-Unterweisungen, in denen es um eine freundliche, wohlwollende Grundhaltung und um Herzensgüte geht, nicht begreifen. Sie werden dann nicht wissen, wer da zu wem oder was freundlich ist. Erst einmal benötigen Sie die Erfahrung der Wirklichkeit – der Dinge, wie sie sind. Ähnlich wie beim Malen: Erst einmal benötigen Sie eine Leinwand. Und nachdem Sie die Leinwand entsprechend präpariert haben, können Sie auf ihr malen. Doch das braucht ein Weilchen. Das Vajrayana wird als das Endergebnis des bestmöglichen Anfangs angesehen. Darum ist es von solch entscheidender Bedeutung, dass Sie das Hinayana verstehen und sich in der Disziplin von Shamatha üben. Sie müssen sich an das halten, was Sie haben – an die Tatsache, dass Sie mit Körper, Rede und Geist Schmerz erleiden. Wir alle stecken in der samsarischen Neurose, ausnahmslos jeder von uns. Das ist die Wahrheit. Arbeiten Sie lieber mit der Wirklichkeit, statt mit Idealen. Das ist ein guter Ausgangspunkt.

ZWEITES KAPITEL

Die Erfahrung des Leids analysieren

Die Erste Edle Wahrheit, die Wahrheit vom Leid, ist die erste wirkliche Einsicht eines Hinayana-Praktizierenden. Dass solch ein Praktizierender tatsächlich die Entschlossenheit, den Mut und die Klarheit hat, Schmerz und Leid auf eine derart präzise und subtile Weise in den Blick zu fassen, ist ausgesprochen erfreulich. Wir können den Schmerz in seine Bestandteile zerlegen und sie analysieren. Wir können ihn sehen, wie er ist, und ihn so wahrhaft besiegen. Eben aus dem Grund wird die Erste Edle Wahrheit als die Wahrheit vom Leid bezeichnet.

DER WEG DES DHARMA besteht aus Eigenschaften und aus Auswirkungen. In der nichttheistischen Disziplin des Buddhismus arbeiten wir stets mit dem, was vorhanden ist. Eingehend schauen wir uns die eigene Erfahrung an: wie wir uns fühlen, wer wir sind und was wir sind. Im Grunde ist unser Dasein, so stellen wir dabei fest, auf fundamentale Weise wach, und derart wach zu sein ist tatsächlich möglich. Zugleich bestehen jedoch zahlreiche Hindernisse. Die Haupthindernisse sind das Ich und seine durch Gewohnheit ausgeprägten Muster, die sich auf mancherlei Weise bekunden, besonders deutlich zeigen sie sich in unserer Selbsterfahrung. Bevor wir allerdings weitergehend untersuchen, wer wir sind und was wir sind, sollten wir zunächst einmal unsere grundlegende Vorstellung von einem Selbst einer eingehenden Betrachtung unterziehen. Dies nennt man auch die Untersuchung der Vier Edlen Wahrheiten: der Wahrheit vom Leid, der Wahrheit von der Entstehung des Leids, der Wahrheit vom Aufhören des Leids und der Wahrheit des Weges.

Die Vier Edlen Wahrheiten lassen sich in zwei Teile untergliedern. Die beiden ersten Wahrheiten – die Wahrheit vom Leid und von der Entstehung des Leids – untersuchen die samsarische Ausprägung unserer selbst und die Gründe, weshalb wir in bestimmte Situationen geraten oder in Bezug auf uns selbst zu bestimmten Schlussfolgerungen gelangt sind. Die beiden anderen Wahrheiten – die Wahrheit des Aufhörens und die Wahrheit des Weges – untersuchen, wie wir darüber hinausgelangen beziehungsweise es überwinden können. Sie beziehen sich auf den Weg und auf die Möglichkeiten, die mit Nirvana, mit Freiheit und Befreiung verbunden sind. Leid wird als das Resultat von Samsara angesehen, und die Entstehung des Leids als die Ursache von Samsara. Der Weg wird als die Ursache von Nirvana betrachtet, und das Aufhören des Leids als das Ergebnis, zu dem er führt. In dieser Hinsicht bedeutet Samsara nicht enden wollenden Kummer, und Nirvana bedeutet, über solche Probleme wie Verwirrung, Unzufriedenheit und Besorgnis hinauszugelangen.

Die Erste Edle Wahrheit ist die Wahrheit vom Leid. Im Sanskrit wird Leid mit dem Wort *Duhkha* bezeichnet. *Duhkha* könnte auch mit „Elend", „Unruhe" oder „Unwohlsein" übersetzt werden. Es ist schiere Frustration. Das tibetische Wort für Leid lautet *Dug-näl*. *Dug* bedeutet „auf eine niedrigere Stufe zurückgeführt" – im Deutschen kommt dem wohl noch am ehesten das Wort „Elend", oder „Erbärmlichkeit", nahe –, und *näl* bedeutet „immer weiter fortsetzen". Mit *Dug-näl* ist also gemeint, dass Sie dieses Elend immer weiter fortsetzen. Nicht nur haben Sie, das ist kennzeichnend für Dug-näl, bereits schlechte Arbeit geleistet, sondern obendrein finden Sie das auch noch in Ordnung und machen so weiter: Ähnlich, als würden Sie den Finger in die eigene Wunde legen. Keineswegs *müssen* wir sonderlich leiden. Allerdings regeln wir unsere Angelegenheiten genau dahingehend. Wir packen die Dinge falsch an und handeln uns dabei Leid ein – eine heillose Geschichte! Wahrlich kein besonders intelligentes Vorgehen.

Nun könnten Sie fragen: „Wer verfügt denn überhaupt über die nötige Autorität, so etwas sagen zu können?" Die einzige Autorität, die einen Blick für die ganze Angelegenheit hat, so stellen wir fest, ist der Buddha. Er hat das herausgefunden. Darum wird es die Erste Edle Wahrheit genannt. Sie ist ganz edel, außerdem ist sie durch und durch wahr. Tatsächlich hat er zugleich auch erfasst, warum wir unsere Aufgabe so schlecht erledigen, und uns das vor Augen geführt. Das ist die Zweite Edle Wahrheit. Wir beginnen, dies zu verstehen, und wir schließen uns seiner Auffassung an, weil wir die Erfahrung machen, dass es im Grunde keine Alternative dazu gibt. Wir können uns indes für einen vollkommen anderen Ansatz entscheiden. Diese Möglichkeit haben wir. Wir haben es in der Hand, uns selbst vor solchem Kummer und Elend zu bewahren. Das ist nicht nur möglich, vielmehr haben viele andere Menschen selbst die entsprechende Erfahrung gemacht und es wirklich in die Tat umgesetzt.

Die Erste Edle Wahrheit, die Wahrheit vom Leid, ist ein unumgängliches, aber auch ein überaus reizvolles Thema. Die Wahrheit vom Leid ist durch und durch wahr, zugleich so unverblümt und geradeheraus, dass es richtig wehtut – und erstaunlicherweise steckt ziemlich viel Komik in ihr. Damit wir begreifen, wer wir sind und was wir mit uns anstellen, müssen wir uns unbedingt vor Augen führen, wie sehr wir uns selbst martern. Bei diesem Prozess, in dem wir uns selbst solchen Martern unterziehen, handelt es sich um ein durch Gewohnheit ausgeprägtes Muster, einen animalischen Instinkt, eine Art Affeninstinkt. Ein wenig ist er durch unsere früheren Existenzen bedingt beziehungsweise wird er durch sie hervorgerufen. Andererseits halten wir jenen Prozess jedoch nicht nur in Gang, sondern wir säen darüber hinaus weitere karmische Samen. Ungefähr so, als säßen wir in einem Flugzeug, das sich bereits in der Luft befindet, und schon an Bord der Maschine begännen wir damit, weitergehende Pläne zu schmieden. Am liebsten wollen wir gleich unser nächstes Ticket buchen, damit wir bei der Ankunft am Zielort umgehend den Anschlussflug zu einem anderen Ort antreten können. Indem wir uns auf diese Weise organisieren, brauchen wir im Grunde nirgendwo Halt zu machen. Immer wieder buchen wir uns ein Ticket, mal hierhin, mal dorthin. Infolgedessen sind wir die ganze Zeit unterwegs. Nirgends müssen wir anhalten, aber das wollen wir eigentlich auch gar nicht. Selbst wenn wir in einem Flughafenhotel Zwischenstation machen, werden wir ganz schnell unruhig und wollen am liebsten direkt ins nächste Flugzeug steigen. Also rufen wir die Hotelrezeption an und bitten um eine Platzreservierung für den nächsten Flug, der uns wieder woanders hinbringt. Unablässig verfahren wir so. Diese Art zu reisen bereitet uns allerdings zunehmend Kummer und ruft enormes Leid hervor.

Was die Vorstellung von einem Selbst anbelangt, sind wir durchaus nicht per se *eine* individuelle Wesenheit, eine Entität, sondern lediglich eine Ansammlung dessen, was man als die fünf *Skandhas* bezeichnet, als die fünf Daseinsanhäufungen, (Form, Empfindung, Wahrnehmung-Impuls, Vorstellung und Bewusstsein). Kommt innerhalb dieser Ansammlung ein geistiges Geschehnis zustande, dann wird es stets durch ein vorangegangenes verursacht. Haben wir also einen Gedanken, so wird er durch einen vorherigen Gedanken hervorgebracht. Ebenso sind wir, wenn wir uns an einem bestimmten Ort aufhalten, aufgrund einer früheren Erfahrung genötigt, dort zu sein. Während wir nun dort sind, bringen wir weitere Geistesgeschehnisse zustande, die bewirken, dass unsere Reise auch künftig weitergehen wird. Wir versuchen Kontinuität herzustellen. Das bezeichnet man als Karma oder willentliches Handeln. Und aus willentlichem Handeln entsteht Leid.

Die Erste Edle Wahrheit, die Wahrheit vom Leid, ist die erste wirkliche Einsicht eines Hinayana-Praktizierenden. Dass solch ein Praktizierender tatsächlich die Entschlossenheit, den Mut und die Klarheit hat, Schmerz und Leid auf eine derart präzise und subtile Weise in den Blick zu fassen, ist ausgesprochen erfreulich. Wir können den Schmerz in seine Bestandteile zerlegen und sie analysieren. Wir können ihn sehen, wie er ist, und ihn so wahrhaft besiegen. Würden wir in unserem Leid feststecken, hätten wir keine Möglichkeit, darüber zu reden. Indem wir über die Entstehungsgeschichte des Leids sprechen, setzen wir es hingegen nicht weiter fort. Vielmehr haben wir eine Chance, zu erkennen, was es mit dem Leid auf sich hat. Das ist sehr gut.

Die acht Arten von Leid

Insgesamt gibt es acht Arten von Leid: Geburt, Alter, Krankheit, Tod, Unerwünschtem begegnen, Wünschenswertes nicht behalten können, Erwünschtes nicht bekommen und allgemeines Elend. Aller Schmerz, ob in seinen gröberen oder in seinen subtileren Formen, lässt sich diesen acht Kategorien zuordnen. Die vier erstgenannten – Geburt, Alter, Krankheit und Tod – beruhen auf den Auswirkungen früheren Karmas. Darum werden sie „ererbtes Leid" genannt. Diese vier Arten von Leid sind schlicht und einfach die mit dem Lebendigsein verknüpften Mühen. Die nächsten drei – Unerwünschtem begegnen, Wünschenswertes nicht behalten können und Erwünschtes nicht bekommen – werden als „das Leid der Zeitspanne zwischen Geburt und Tod" bezeichnet; und die letzte Art von Leid wird einfach „allgemeines Elend" genannt.

Ererbtes Leid

1. GEBURT. Als Erstes kommt das Leid der Geburt. Wird ein Kind geboren, feiern wir, dass es zur Welt gekommen ist. Doch das Kind hat dabei viele Mühen durchgestanden. Geboren zu werden – hin und her gestoßen und herausgezogen zu werden – bereitet Schmerzen. Das erste Leid, dasjenige der Geburt, erschließt sich uns offenbar nicht so ohne Weiteres, da niemand sich der eigenen Geburt entsinnen kann. Diese scheint demnach auf eine bloße Vorstellung hinauszulaufen, der zufolge Sie sich einst im Mutterleib befanden und sich pudelwohl dabei gefühlt haben, in warmer Milch und in Honig zu schwimmen, am Daumen zu lutschen oder was auch immer sonst Sie da drinnen angestellt haben mögen. Vielleicht haben Sie Ihre Geburt praktischerweise vergessen. Jedenfalls herrschte da zunächst, das ist hier der entscheidende Gedanke, ein Gefühl von Zufriedenheit, dann aber wurden Sie hinausgestoßen und hatten eine Art Sprung zu vollziehen, der schmerzlich gewesen sein muss.

Ihre Geburt mögen Sie vergessen haben. Falls Sie sich aber daran erinnern können oder Gelegenheit hatten, ein Kleines dabei zu beobachten, wie es den Geburtsschmerz erlebt, sehen Sie, dass eine Geburt ausgesprochen prosaisch, gewöhnlich und Furcht einflößend ist. Bei Ihrer Geburt erleben Sie, wie Sie zum ersten Mal der Welt ausgesetzt sind, die aus Heiß und Kalt und aus allen möglichen Unannehmlichkeiten besteht. Die Welt unternimmt erste Versuche,

Sie aufzuwecken – versucht, einen Erwachsenen aus Ihnen zu machen. Als Kleinkind steht Ihnen indes überhaupt nicht der Sinn danach: Das ist eine gewaltige Schinderei. Dennoch können Sie nichts anderes tun, als zu schreien und Ihrem Groll gegen all die Unannehmlichkeiten wutentbrannt Luft zu machen. Zum Sprechen außerstande, vermögen Sie sich nicht zu erklären. Unwissenheit und ein Empfinden von Unzulänglichkeit herrschen vor.

Hauptsächlich beruht der Schmerz der Geburt darauf, dass Sie sich den neuen Anforderungen widersetzen, mit denen die Welt Sie konfrontiert. In erster Linie geht es hier zwar um Ihre physische Geburt beziehungsweise um den Schmerz des Geborenwerdens im buchstäblichen Sinn, für Ihr gewöhnliches Leben als Erwachsener gilt freilich das Gleiche. Mit anderen Worten: Stets versuchen Sie, sich in einer Situation einzurichten, in der Sie meinen, es zu guter Letzt endlich gepackt haben. Bis auf die letzte Minute haben Sie alles vorausgeplant, und an Ihrem Vorhaben wollen Sie nichts ändern. Ganz so wie ein Kind, das es sich im Mutterleib gemütlich macht, glauben Sie nicht, dass Sie jemals hinausmüssen. Mit den Beschwernissen des Geborenwerdens wollen Sie nicht behelligt werden.

Diese Art von Geburt findet unablässig statt. In Ihren Beziehungen haben Sie sich entschieden, wie Sie mit Ihren Freunden und geliebten Menschen umgehen. In wirtschaftlicher Hinsicht haben Sie das Gefühl, in eine angenehme Position gelangt zu sein. Sie können es sich leisten, ein komfortables Haus mit allem Drum und Dran zu erwerben: komplett mit Geschirrspüler, Kühlschrank, Telefon, Klimaanlage und so weiter. In diesem Mutterleib, so Ihr Gefühl, könnten Sie lange bleiben. Von irgendwoher kommt dann aber jemand und zieht Ihnen, ohne dass Sie etwas dafür können – oder vielleicht *können* Sie etwas dafür –, den Boden unter den Füßen weg. Damit sind all die sorgsamen Planungen, die Sie auf sich genommen haben, um in jenem Mutterleib zu bleiben, durchkreuzt worden. An dem Punkt geraten Sie völlig aus dem Häuschen, sprechen mit Ihren Freunden, Ihrem Anwalt, Ihrem spirituellen Ratgeber und Ihrem Geldgeber. Angesichts des Elans, den Sie jetzt an den Tag legen, könnte man meinen, Ihnen seien zehn Arme und zwanzig Beine gewachsen.

In die nächste Welt wollen Sie nicht hineingeboren werden. Unglücklicherweise ist die Situation jedoch derart beschaffen, dass Sie in die nächste Welt hineingeboren *werden*. Vielleicht gelingt es Ihnen, ein kleines Stück, ein winziges Zipfelchen, mit hinüber zu retten. Durch dies kleine Stück handeln Sie sich jedoch derart viel Ärger ein, dass es Ihnen keine allzu große Zufriedenheit bringt. Sich in einer Situation nicht einrichten zu können ist schmerzlich. Zwar meinen Sie, es sich dort gemütlich machen zu können. Doch in dem Augenblick, in dem Sie damit beginnen, werden Sie der Welt ausgesetzt. Und genau wie ein Baby, das den Mutterleib verlassen muss und der Welt ausgesetzt wird, durchlaufen Sie dann eine weitere Geburt. Wir können es uns gar nicht gemütlich machen. Das ist die Wahrheit.

2. ALTER. Der Schmerz des Alters ist die zweite Form ererbten Leids. Alt zu sein ist sehr beschwerlich. Alle möglichen Dinge, der Himmel weiß was, können Sie auf einmal nicht mehr tun. Außerdem kommt es Ihnen, wenn Sie alt sind, so vor, als hätten Sie keine Zeit mehr. Künftigen Situationen sehen Sie nun nicht mehr erwartungsfreudig entgegen. Als Sie jung waren, konnten Sie noch zuschauen, wie die ganze Welt sich entfaltete. Jetzt haben Sie hingegen nicht mehr das Vergnügen, die nächsten 60 Jahre mitzuerleben.

„Alter" bedeutet nicht einfach nur, dass man alt ist. Es bezieht sich auch auf den Vorgang des Alterns – darauf, wie aus einem Kind ein alter Mensch wird. „Alter" bezeichnet jenen Prozess, in dessen Verlauf die Dinge in Ihrem Leben ganz allmählich eine Veränderung durchlaufen. Im Lauf der Zeit finden Sie alles Mögliche gar nicht mehr sonderlich prickelnd, es gibt dann für Sie nicht mehr so viel zu entdecken und wiederzuentdecken auf der Welt. Nach wie vor versuchen Sie das zwar, die Dinge sind Ihnen allerdings mehr und mehr vertraut, die dazugehörigen Erfahrungen haben Sie bereits gemacht. Vielleicht sollten Sie also etwas Außergewöhnliches ausprobieren, denken Sie daraufhin – sollten es wenigstens *ein*mal probieren. Also versuchen Sie's auch damit. Im Grunde tut sich jedoch nichts. Weniger weil mit Ihnen beziehungsweise mit Ihrem Geist irgendetwas nicht in Ordnung ist, sondern weil Sie einen menschlichen Körper haben, der alt wird. Daran liegt es.

Ein alter Körper ist physisch nicht dazu in der Lage, mit den Dingen angemessen umzugehen. Als Kind haben Sie einst herausgefunden, wie Sie von Ihren Fingern, Ihren Beinen, Ihren Füßen, Ihrem Kopf, Ihren Augen, Ihrer Nase, Ihrem Mund, Ihren Ohren, Ihren Händen Gebrauch machen können. Alles in Ihrem System, was immer Sie auf der Ebene des Körpers zur eigenen Unterhaltung nutzen könnten, ist aber an diesem Punkt bereits ausgekundschaftet. Nichts bleibt Ihnen noch zu erkunden.

Welche Art von Geschmackserfahrung Sie erwartet, wenn Sie etwas Bestimmtes kosten werden, das wissen Sie schon. Wenn Sie an etwas schnuppern, wissen Sie bereits im Voraus, wonach es riechen wird. Was Sie sehen, was Sie hören und was Sie fühlen werden, wissen Sie schon.

Werden wir älter, sind die Dinge für uns nicht mehr so unterhaltsam wie früher. Beinah alles, was es auf der Welt gibt, haben wir bereits erlebt. Wer in fortgeschrittenem Alter aus Tibet gekommen ist, wird solche Phänomene wie einen Sauna- oder Kinobesuch oder das Fernsehgucken vielleicht interessant finden. Der Reiz des Neuen hat indes nicht lange Bestand. Macht man älteren Menschen ein neues Unterhaltungsangebot, hält dieser Reiz nur ein paar Tage vor. Bei Heranwachsenden könnte es demgegenüber für ein paar Jahre reichen. An dem Tag, als wir uns zum ersten Mal in jemanden verliebt haben, war es wunderschön. Dieses Gefühl kehrt freilich nicht mehr zurück. Als Sie zum allerersten Mal Eiscreme gehabt haben, war das etwas Unglaubliches, und zum ersten Mal Ahornsirup zu probieren war phantastisch, einfach toll. All das haben Sie jedoch schon hinter sich.

Alt zu werden ist ausgesprochen unangenehm. Wir haben, das wird uns klar, derart vieles angesammelt, dass wir wie ein alter Schornstein geworden sind: Alles Mögliche ist schon durch uns hindurch gegangen, und wir haben eine unwahrscheinlich dicke Rußschicht angesetzt. Wir haben unsere liebe Mühe und wollen nicht mehr weiter. Ich möchte niemanden kränken, aber so ist das Alter.

41

Manche alte Menschen halten sich zwar wacker, sind allerdings auch gar zu sehr darum bemüht.

Außer auf die physische Alterung kann sich das Leid des Alterns also ferner auf die Alterungserfahrung in psychologischer Hinsicht beziehen. Was immer man will, könne man auch tun. Dieses Gefühl hat man anfangs. An Ihrer Jugend finden Sie Gefallen – Sie finden Gefallen daran, wie geschickt, wie zauberhaft schön und körperlich fit Sie sind. Allmählich stellen Sie dann aber fest, dass die gewohnten alten Tricks nicht länger funktionieren. Anzeichen von Verfall werden sichtbar, und die Kräfte beginnen zu schwinden. Sie können nicht mehr richtig sehen, hören oder gehen, und für die Dinge, die Ihnen früher mal viel Freude bereitet haben, können Sie nun nicht länger solche Wertschätzung aufbringen. Einst haben Sie sich so wohl gefühlt, hatten Ihre Freude an den Dingen, und bestimmte Dinge haben sich einfach toll angefühlt. Wenn Sie so etwas jedoch jetzt, auf Ihre alten Tage, zu wiederholen versuchen, ist Ihre Zunge wie taub, Ihre Augen sind trüb, und Sie hören schlecht. Mit Ihren Sinneswahrnehmungen steht es nicht mehr zum Besten. Diese Erfahrung allgemeinen Verfalls wird als der Schmerz des Alters bezeichnet.

3. KRANKHEIT. Der Schmerz der Krankheit ist die dritte Form ererbten Leids. Alt und Jung sind durch Krankheit bedroht. Es gibt alle möglichen körperlichen beziehungsweise halb körperlich und halb psychologisch bedingten Erkrankungen. Krankheit beruht großenteils auf der gelegentlich einsetzenden panischen Angst, dass bei Ihnen vielleicht irgendwas schrecklich schief läuft oder dass Sie womöglich sterben werden. Hängt ganz davon ab, inwieweit Sie zu Hypochondrie neigen. Hin und wieder gibt es auch das eine oder andere ganz umgängliche kleine Wehwehchen. Dann werden Sie vielleicht sagen: „Ich habe zwar eine Erkältung, bin aber sicher, dass sie bald ausgestanden sein wird. Ansonsten bin ich wohlauf, danke sehr." So heiter und unbeschwert, wie Sie sich in solch einer unverbindlichen Konversation geben, ist die ganze Angelegenheit jedoch keineswegs. Tatsächlich geht es da um ein wenig mehr.

DIE ERFAHRUNG DES LEIDS ANALYSIEREN

Das Kranksein kann zu einer richtiggehenden Belastung werden. Sind Sie wirklich krank, wird der Körper für Sie zu einem derartigen Hindernis, dass Sie sich ihn am liebsten kurzerhand vom Hals schaffen würden. Insbesondere wenn Sie die unerlässlichen Formalitäten für die Aufnahme in ein Hospital abwickeln, haben Sie das Gefühl, als seien Sie in eine Welt voller Glasscherben und scharfkantiger Metallspitzen hineingestoßen worden. Die spezifische „Hospitalität", mit der Sie sich nun konfrontiert sehen, hat etwas ausgesprochen Irritierendes. Dort erlebt man alles andere als eine Atmosphäre von Leichtigkeit und Behaglichkeit. Vielmehr empfindet man eine gewisse Hilflosigkeit.

Aktiv zu sein, sich in allem, bis hin zum Binden der Schnürsenkel, selbst helfen zu können, von nichts und niemand anderem abhängig zu sein, ist eins der großen Themen in der westlichen Welt. Diesem Zustand der Hilflosigkeit gegenüber herrscht also ein ausgesprochen starker Widerwillen.

Krankheit erleben wir unter Umständen als große Unannehmlichkeit. Keinen guten Toast zum Frühstück zu bekommen ist überaus irritierend. Unter Krankheit zu leiden beinhaltet nicht zuletzt, dass gewohnheitsmäßige Erwartungen aller Art unerfüllt bleiben. Einst waren wir gewohnt, diejenigen Dinge, die wir haben wollten, zu bekommen. Damit ist jetzt Schluss. Wie gern würden wir bei unserem Arzt einen Sprechstundentermin vereinbaren, damit wir unsere gewohnten alten Muster zurückerhalten. Wir wollen, dass es so läuft, wie wir es gewohnt sind. Aufgeben wollen wir nichts. Denn das würden wir als Zeichen von Schwäche ansehen. Jetzt aber laufen wir sogar Gefahr, noch nicht einmal einen ordentlichen Buttertoast vorgesetzt zu bekommen. Wir haben das Gefühl, uns sei der Boden unter den Füßen weggezogen worden, und plötzlich erfasst uns Panik. In der westlichen Welt ist man für dieses Problem besonders anfällig, weil wir derart auf Vergnügen aus sind. Großenteils beruht Krankheit zwar auf Schmerz und auf der Konfrontation mit dem Ungewohnten, ebenso aber auf Unmut. Sie sind unwillig, weil nicht für Unterhaltung gesorgt ist. Und geraten Sie in Situationen, die Sie als unzumutbar empfinden, zum Beispiel wenn Sie ins Gefängnis kommen, ärgern Sie sich über die Behörden. Die ersten Anzeichen des Todes zeigen sich Ihnen gewöhnlich gleichfalls in Form von Krankheit. Sind Sie krank, haben Sie angesichts aller möglichen Beschwerden und Leiden das Gefühl, vom Leben physisch entmutigt zu werden. Befällt Sie eine Krankheit, wird für Sie spürbar, wie sehr die schönen Flügel mit den hübschen Federn, die Sie einst hatten, Ihnen fehlen. Alles ist zerzaust. Nicht einmal über die eigenen Witze können Sie noch schmunzeln oder lachen. Sie sind vollständig demoralisiert und haben das Gefühl, total unter Beschuss zu stehen.

4. TOD. Nicht zu vergessen ist der Schmerz des Todes. Mit dem Tod verbindet sich das Gefühl, dass Sie keine Gelegenheit mehr haben werden, Ihr Leben fortzuführen, Ihren Projekten und Zielsetzungen noch weiter nachzugehen. Das ist ein Gefühl allumfassender Bedrohung. Und Sie können sich noch nicht einmal darüber beschweren. Es gibt einfach keine Instanz, bei der man sich über den Tod beschweren könnte. Wenn Sie sterben, leiden Sie, weil Sie mit dem, was Sie tun wollen, nicht fortfahren können. Ebenso wenig mit dem unvollendeten Werk, bei dem Sie das Gefühl haben, dass Sie es unbedingt zum Abschluss bringen sollten. Darin liegt das Potenzial für elementare Verzweiflung.

Der Tod verlangt Ihnen ab, all das, was Sie im Leben lieben, einschließlich Ihres heiß geliebten Kugelschreibers, hinter sich zu lassen. All diese Dinge lassen Sie zurück. Sie können nicht länger handeln, wie es Ihren gewohnten Mustern entspricht. Sich mit Ihren Freunden zu treffen ist nicht mehr möglich. Einfach alles verlieren Sie – jeden einzelnen Gegenstand, den Sie besitzen, all das, was Ihnen lieb und teuer ist, sogar die Kleidung, die Sie sich gekauft haben, Ihre kleine Tube Zahnpasta und die Seife, mit der Sie sich so gern die Hände oder das Gesicht waschen. All die Dinge, die Sie persönlich mögen; all die Dinge, mit denen Sie sich vorzugsweise umgeben, einfach alles, was Ihnen im Leben Freude bereitet – all das verschwindet nun, ohne jede Ausnahme. Sie selbst sind nicht mehr da, und nichts von alldem können Sie noch haben. Zum Tod gehört also der Schmerz der Trennung.

Noch in einem weiteren Sinn ist mit dem Tod Schmerz verbunden. Denn Sie haben sich vollständig mit Ihrem Körper identifiziert. Die Menschen, mit denen Sie zusammen sind, zu verlieren – Ihren Mann beziehungsweise Ihre Frau oder Ihre engsten Freunde –, das können Sie sich irgendwie noch vorstellen. Und Sie können sich vorstellen, dass Sie nicht mehr ein noch aus wissen, wenn Sie Ihre beste Freundin, Ihren besten Freund, Ihre Frau oder Ihren Mann verlieren. Dass dergleichen womöglich in Ihrem Leben geschehen könnte, ist für Sie durchaus noch vorstellbar. Aber können Sie sich vorstellen, den eigenen Körper zu verlieren? Wenn Sie sterben, verlieren Sie nicht nur Ihre/n Frau/Mann, die beste Freundin oder den besten Freund, sondern Sie verlieren Ihren Körper. Das ist entsetzlich, absolut schauerlich. Und niemand tut Ihnen das an; Sie selbst tun es sich an. „Ich habe nicht richtig auf meinen Körper Acht gegeben", könnten Sie nun sagen. „Ich habe nicht das Richtige gegessen und zu viel getrunken. Ich habe zu viele Zigaretten geraucht." Das löst allerdings nicht das Problem.

Dem eigenen Körper ein für allemal Adieu zu sagen fällt sehr schwer. Zu gern würden wir den Körper gut in Schuss halten. Haben wir ein Loch im Zahn oder ziehen wir uns eine Schnittverletzung zu, dann können wir unseren Arzt aufsuchen und das in Ordnung bringen lassen. Im Unterschied dazu wird dieser Körper, wenn wir sterben, nicht länger existieren. Er wird begraben oder zu einem Häuflein Asche verbrannt werden. Die ganze Angelegenheit wird verschwinden, und Sie werden keine Möglichkeit mehr haben, sich mit etwas zu identifizieren. Sie werden keine Kreditkarte, keine Telefonkarte und keinen Führerschein mehr haben. Sollten Sie jemandem übern Weg laufen, der Sie vielleicht kennt, werden Sie keinerlei Möglichkeit mehr haben, Ihre Identität zu belegen.

Alles, was Sie wollen, all die Habseligkeiten, die Ihnen so viel bedeuten und an denen Sie so sehr gehangen haben, müssen Sie, das ist kennzeichnend für den Tod, nunmehr zurücklassen – sehr wahrscheinlich auch den Dharma. Ob Sie genügend Erinnerungen und Prägungen im Geist haben werden, um erneut in eine Situation zu gelangen, in der die buddhistischen Lehren gedeihen, ist ungewiss.

Letzten Endes werden Sie wahrscheinlich ein Esel sein, so hoch ist der Grad Ihrer Verwirrung. Ich möchte Sie wirklich nicht aus der Fassung bringen, aber das ist die Wahrheit – die Erste Edle Wahrheit, die schiere Wahrheit. Darum können wir es uns erlauben, diese subtilen Details zu erörtern. Der Tod ist allerdings keineswegs so subtil. Zu sterben ist schrecklich, absolut schrecklich.

Sie meinen, gegen den Tod ankämpfen zu können. Hilfe suchend wenden Sie sich an die Ärzte, Priester und Philosophen. Sie suchen sich einen Philosophen, dessen Philosophie zufolge der Tod nicht existiert. Sie suchen sich einen besonders tüchtigen Arzt, einen Arzt der den Tod millionenfach mit Erfolg bekämpft hat, und hoffen, Sie hätten Aussicht, eine/r derjenigen sein zu können, die sich dem Tod nie beugen müssten. Sie gehen zu einem Priester, der Ihnen die Kommunion erteilt und Ihnen erklärt, nun würden Sie des ewigen Lebens teilhaftig. Das mag klingen, als sei es zum Lachen. Wenn wir jedoch wirklich darüber nachdenken, ist es, fürchte ich, ganz entsetzlich. Es ist entsetzlich.

Andauernd erleben Sie im gewöhnlichen Alltag Situationen, die dem Tod ähneln. Der Tod ist eine äußerste Zuspitzung der drei zuvor aufgeführten Arten von Leid. Am Anfang steht für Sie das Leid der Geburt. Und nachdem Sie geboren worden sind, fangen Sie an, es sich in der Welt gemütlich zu machen. Sie haben die Tendenz, sich mit dem Alter als einem nachvollziehbaren, kontinuierlich vonstatten gehenden Prozess abzufinden; und mit Krankheit als einer natürlichen Situation können Sie umgehen. Schließlich stellen Sie allerdings fest, dass dieses ganze Programm unabwendbar auf ein Ende zusteuert. Nichts, so wird Ihnen klar, ist von allzu langer Dauer. Ganz unvermittelt wird es mit Ihnen zu Ende sein, und plötzlich wird Ihnen der Atem ausgehen. Das ist ausgesprochen schockierend!

Das Leid in der Zeitspanne zwischen Geburt und Tod

Da wir nun das ererbte Leid von Geburt, Alter, Krankheit und Tod erörtert haben, kommen wir zur zweiten Ebene des Leids. Diese Ebene des Leids bezieht sich auf unsere psychologische Situation und ist mit der Zeitspanne zwischen Geburt und Tod verbunden.

Man unterteilt sie in folgende drei Kategorien: dem begegnen, was nicht wünschenswert ist; Wünschenswertes nicht behalten können; und nicht bekommen, was wir wollen. Nie sind wir zufrieden gestellt. Dauernd eilen wir umher und unternehmen ständig sehr, sehr große Anstrengungen. Niemals geben wir auf. Stets versuchen wir, auch noch die allerletzten Krümel aus dem hintersten Winkel der Dose herauszukratzen.

5. DEM BEGEGNEN, WAS NICHT WÜNSCHENSWERT IST. Die erste Kategorie betrifft den Schmerz, den man erlebt, wenn einem etwas nicht Wünschenswertes begegnet. Gewöhnlich haben wir eine ziemlich naive Lebenseinstellung: unangenehmen, unwillkommenen Situationen meinen wir ausweichen zu können. Im Allgemeinen sind wir ganz schön pfiffig und erfolgreich, wenn es darauf ankommt, solchen Situationen aus dem Weg zu gehen. Manche Menschen haben zwar riesige Probleme und schlittern von einer Katastrophe in die nächste, versuchen aber dennoch, ihnen aus dem Weg zu gehen. Andere Menschen haben ziemlich großen Erfolg im Leben gehabt, doch auch sie stellen hin und wieder fest, dass ihre Tricks und Kunstgriffe sie nicht weiterbringen. Auf einmal sehen sie sich mit einer Situation konfrontiert, die genau das Gegenteil von dem ist, was sie wollen. „Mist!", sagen sie daraufhin. „Himmel nochmal! Das hab' ich nun aber wirklich nicht erwartet! Was ist denn bloß geschehen?" Der Einfachheit halber machen sie dann, sofern sie gewohnt sind, planvoll zu denken, jemand anderen dafür verantwortlich. Andernfalls verschlägt es ihnen einfach die Sprache. Mit offenem Mund stehen sie fassungslos da.

6. WÜNSCHENSWERTES NICHT BEHALTEN KÖNNEN. Die zweite Kategorie ist das Gegenteil davon – der Schmerz, den man empfindet, wenn man zu behalten versucht, was wünschenswert, wunderschön, großartig, herrlich, phantastisch ist. Ungefähr als würde man versuchen, eine gute Situation aufrechtzuerhalten, und plötzlich entsteht ein Leck. Was Sie in den Armen halten und Ihnen teuer ist, beginnt zu verpuffen; ähnlich wie bei einem Ballon, aus dem die Luft ent-

weicht. Wenn das geschieht, reagieren Sie sehr ärgerlich oder versuchen, es als das Problem eines anderen Menschen zu betrachten.

7. NICHT BEKOMMEN, WAS SIE WOLLEN. Den beiden vorangegangenen Kategorien liegt die dritte zugrunde, die besagt, dass wir im Großen und Ganzen nicht bekommen können, was wir wollen. Das ist der Fall. Vielleicht werden Sie sagen: „Eines Tages werde ich ein großer Filmstar sein, ein Millionär, ein großer Gelehrter oder zumindest ein grundanständiger Mensch. Anschließend werde ich dann für den Rest meiner Tage ein glückliches Leben führen. Das ist mein Plan. Entweder werde ich ein Heiliger sein oder ein Sünder, aber glücklich werde ich sein." Keine dieser Situationen tritt jedoch ein. Und selbst wenn Sie ein großer Filmstar oder Millionär werden, taucht unversehens etwas anderes auf, sodass Ihnen keineswegs damit geholfen ist, solch ein Mensch zu sein. Sie beginnen zu begreifen, dass es weitere Probleme in Ihrem Leben gibt und Ihr Leben, alles in allem, ganz miserabel ist. Nichts wird Sie zufrieden stellen. Durch nichts werden Ihre Wünsche in Erfüllung gehen können, partout nicht. Irgendwas läuft da nicht richtig. Ob Sie klug sind oder dumm, macht hier keinen allzu großen Unterschied: Die Dinge laufen einfach nicht richtig. Das ruft gewaltige Besorgnis, Chaos und Unzufriedenheit hervor.

Allgemeines Elend

8. ALLES DURCHDRINGENDES LEID. Die letzte Kategorie, alles durchdringendes Leid, ist eine gänzlich andere Art von Leid. Bei den vorangegangenen sieben Arten von Leid handelte es sich um nachvollziehbare Situationen von Schmerz und Leid. Nummer acht ist nicht schlimmer, sondern subtiler. Es ist jenes die ganze Zeit – wirklich ununterbrochen – vorhandene Empfinden von allgemeinem Elend und Unzufriedenheit. Dieses allgemeine Elend, obgleich vorhanden, bleibt unerkannt. Wir haben lediglich so ein Gefühl, uns selbst im Weg zu stehen. Wir spüren, dass wir für uns selbst und für den eigenen Erfolg ein Hindernis darstellen. Da herrscht ein Gefühl von Schwere, innerer Leere und Elend, das gar kein Ende nehmen

will. Selbst wenn Sie gerade die tollste Zeit Ihres Lebens verbringen, einen Augenblick phantastischer Freude erleben, gibt es immer noch irgendwo einen Haken. Hundertprozentige Erfüllung will sich einfach nicht einstellen. Sich vollkommen entspannen, ohne in die Vergangenheit oder Zukunft abzuschweifen, können Sie nicht. Seit Sie geboren wurden, gab es da stets ein großes Seufzen.

Allgemeines Elend, oder alles durchdringendes Leid, geht auf das neurotische Erbe zurück. Selbst wenn wir im Leben freudige oder genüssliche Erfahrungen machen, sofern wir das denn überhaupt tun, hat diese Freude stets einen bitteren Beigeschmack. Bitternis ist, mit anderen Worten, Bestandteil der Definition von Freude. Wir können nicht einfach nur *eine* Sache erfahren, ohne dass ihr etwas anderes kontrastierend gegenüber steht. Dies ist die höchste Erfahrung von Spiritualität: Stets ist ein wenig Süßes und Saures vorhanden.

Alles durchdringendes Leid hängt mit ständiger Bewegung zusammen: mit dem plötzlichen Auftreten von Gedanken, dem Ansprechen auf wechselnde Situationen, dem ständigen Themenwechsel. Als würde man aus einem Auto steigen und ein Gebäude betreten und das Gebäude verlassen und erneut in ein Auto steigen und hungrig sein und sich in ein Restaurant setzen und etwas essen und wieder zurückkehren. Es hängt mit dem zusammen, was Sie jetzt tun.

Unser Leben beinhaltet eine Vielzahl von Veränderungen. Hat man sich gelangweilt, mögen einem solche Veränderungen erfreulich und unterhaltsam vorkommen. Wenn man beispielsweise nach einer langen Autofahrt aussteigen kann, bedeutet das eine Wohltat. Kann man gleich nach dem Aussteigen in ein Restaurant gehen, umso besser. Bestellt man sich dort dann etwas zu essen, noch besser. Und sich obendrein einen Drink oder ein Dessert zu bestellen ist am allerbesten, wirklich vorzüglich. Bei solchen Gelegenheiten scheint alles zum Besten zu stehen, und in Ihrem Leben nehmen Sie keinerlei Unstimmigkeiten wahr. Scheinbar läuft alles ideal, ganz prima. Sie sehen keinen Grund, sich zu beklagen, alles wirkt verlässlich. Phantastisch. Doch selbst in solch eine Stimmung mischt sich noch ein Körnchen Schmerz: Ein derartiges Gefühl von Zufriedenheit beruht in hohem Maß darauf, dass Sie den zuvor erlebten Schmerz nicht länger spüren.

Inwieweit wir mit vergangenen Erfahrungen umgehen und inwieweit wir tatsächlich bereit sind, uns auf das Leben als eine uns jeweils neu bevorstehende Erfahrung einzulassen, bleibt ungewiss. Möglicherweise werden wir feststellen, dass wir neue Erfahrungen in unsere gewohnten alten Kategorien pressen. Auf diese Weise erfahren wir keine Zufriedenheit, sondern Schmerz. Aus buddhistischer Sicht macht die Zufriedenheit nur einen verschwindend kleinen Teil aus. Sind wir zufrieden, dann haben wir vielleicht den Eindruck, etwas zustande gebracht zu haben, und meinen, bei uns sei alles in Butter. Zugleich hat man jedoch ein Gefühl, als sei auch das wieder fragwürdig. Niemals sind wir daher vollkommen zufrieden.

Von dieser letzten Form des Leids, allgemeinem Elend, wird gesagt, es sei derart subtil, dass nur Verwirklichte es wahrnehmen können. Denn sie allein haben ein zu jener Besorgnis in Kontrast stehendes Empfinden, wissen also, wie man sich fühlt, wenn man von aller Besorgnis frei ist. Doch obgleich es heißt, diese Form von Leid sei für die Menschen sehr schwer nachvollziehbar, ist sie keineswegs sonderlich kompliziert, sondern eigentlich ganz einfach. Für das eigene Leid sind Sie gewöhnlich immun, das ist der springende Punkt. Derart lange leiden Sie inzwischen schon, dass Sie es überhaupt nicht bemerken, es sei denn Sie sehen sich mit besonders heftigen oder besonders gravierenden Problemen konfrontiert. Insofern gleichen Sie einem stark übergewichtigen Menschen. Unter Umständen wird ein Mensch mit 150 Kilogramm auf den Rippen in dem Gefühl, all dies Gewicht sei Teil des eigenen Körpers, fröhlich und quietschfidel sein. Die oder der Betreffende hat gar nicht den Eindruck, dieses gewaltige Gewicht mitzuschleppen sei besonders beschwerlich, bis sich schließlich Kurzatmigkeit einstellt oder der Gedanke an Herzprobleme auftritt. In gleicher Weise sind Sie dem eigenen Leid gegenüber immun. Da Sie dieses Päckchen, die Bürde Ihres Leids, all die Zeit mit sich schleppen, haben Sie sich daran gewöhnt. Sie haben gelernt, damit zu leben. Obgleich Sie also die ganze Zeit diese Bürde der Fixierung mit sich schleppen und obgleich sich solche katastrophalen geistigen Abläufe demzufolge immer weiter fortsetzen, bemerken Sie das nicht. Sie sind immun für die Katastrophe der Kleshas – jener von Aggression, Leidenschaft und Unwissenheit bestimmten negativen und unheilvollen geistigen Verwirrungszustände, die Sie stumpfsinnig machen und umherirren lassen. Sie sind immun gegenüber jener allgemeinen Form des Leids, die Ihnen unentwegt zu schaffen macht.

Drei Muster des Leids

Eben sind die acht Arten des Leids in ererbtes Leid, in das Leid der Zeitspanne zwischen Geburt und Tod, ferner in allgemeines Elend unterteilt worden. Dessen ungeachtet kann Leid auch in Hinblick auf dreierlei Muster beschrieben werden: das Leiden am Leid, Leid aufgrund von Veränderung und alles durchdringendes Leid.

Zum Leiden am Leid gehören die Kategorien Geburt, Alter, Krankheit, Tod und die Begegnung mit dem, was nicht wünschenswert ist. Vom Leiden am Leid wird deshalb gesprochen, weil man erst geboren wird, was entsetzlich weh tut, und man dann obendrein mit Alter, Krankheit und Tod zu tun hat. Sind Sie erst geboren worden, macht Ihnen all das zu schaffen. Darüber hinaus begegnen Sie noch Dingen, die nicht wünschenswert sind. Da all diese leidvollen Erfahrungen derart gehäuft auftreten, spricht man hier vom Leiden am Leid. Vergleichbar wäre das mit einer Situation, in der Sie an Krebs erkranken, darüber hinaus vor dem finanziellen Ruin stehen und Ihnen obendrein das Haus überm Kopf zusammenbricht.

Leid aufgrund von Veränderung umfasst zwei Kategorien: den Versuch, Wünschenswertes zu behalten; und nicht bekommen – beziehungsweise nicht wissen –, was Sie wollen.[3] Im ersten Fall entdecken Sie etwas Wünschenswertes, und dann ist es fort. Im zweiten Fall sind Sie nicht imstande, herauszufinden, was Sie wollen. Das ruft bei Ihnen enorme Besorgnis hervor. Entweder finden Sie nicht heraus, was Sie wirklich wollen, oder es verändert sich unablässig. Gleichnishaft lässt sich das Leid der Veränderung durch die Teilnahme an einer Hochzeitsfeier veranschaulichen, in deren Verlauf mitten auf dem Esstisch eine Bombe detoniert. Eine abgeschwächte Analogie wäre: Man gibt ein großes Abendessen und stellt fest, dass der Nachtisch eine Katastrophe ist. Leid aufgrund von Veränderung beinhaltet alles, was gut anfängt und einen bitteren Nachgeschmack hinterlässt.

Alles durchdringendes Leid, oder allgemeines Elend, ist die achte Art von Leid. Unsere Verfassung ist im Grunde elendig, weil wir die Bürde der fünf Skandhas tragen, durch die sich unsere Neurosen und unsere gewohnheitsmäßigen Denkmuster immer weiter fortsetzen. Aufgrund dessen finden wir allmählich heraus, dass wir wahres Glück, alles in allem, nie erlebt haben.

Eins möchte ich gern klarstellen: Etwas wie wahres Glück gibt es nicht. Das ist ein Mythos. So wie wir die Sache angehen, gibt es dergleichen nicht. Mit aller Macht haben wir danach gestrebt und die ganze Zeit versucht, möglichst viel Gutes, möglichst viel Erfreuliches zu kultivieren – doch von Anfang an haben wir es von der falschen Seite her angepackt. Gleich seit Anbeginn unseres Daseins ist etwas schief gelaufen. Wir sind auf die falsche Art und Weise bestrebt, für unsere Unterhaltung zu sorgen – indem wir ein Ich haben, indem wir Fixierungen haben. Und anschließend geht die ganze Angelegenheit in die Hose. Wir könnten allerdings die Sache von der richtigen Seite her anpacken – ohne Anhaften, ohne Fixierung. Das ist jederzeit möglich. Letzteres bezeichnet man als die zweite Hälfte der Vier Edlen Wahrheiten: als die Wahrheit des Aufhörens und die Wahrheit des Weges.

Nebenbei bemerkt beinhaltet die Erste Edle Wahrheit nicht ganz dasselbe wie die theistische Vorstellung von der Erbsünde. Sie haben keine Verfehlung begangen, und Sie werden nicht bestraft oder ins Gefängnis gesteckt. Sie haben lediglich das Pferd von der falschen Seite her aufgezäumt. Daher verspüren Sie einen generellen Schmerz, dessen Quelle Sie nicht ausfindig zu machen vermögen. Könnten Sie herausfinden, woher er rührt, könnten Sie ihn wahrscheinlich auflösen. Das ist Ihnen jedoch nicht gelungen. Das Pferd von der richtigen Seite her aufzuzäumen bedeutet demgegenüber, dass man die Angelegenheit angemessen angeht, mit viel Disziplin. Indem Sie ein erhöhtes Wahrnehmungsvermögen für das alles durchdringende Leid entwickeln, haben Sie eine Chance, es zu überwinden.

Alles in allem ergeben sich viele Unannehmlichkeiten. Den Vorgang der Geburt zu erleben ist sehr schmerzhaft, und einen Körper zu haben bereitet ebenfalls außerordentlich große Schmerzen. Obendrein sind wir krank, bis wir sterben. Wir sterben, weil wir krank sind. Seit unserer Geburt sind wir nie geheilt worden; ansonsten könnten wir nicht sterben. In alles was wir tun, mischt sich, selbst auf der höchsten Stufe der Freude, stets ein Beigeschmack von Schmerz. Demnach kennzeichnet das Leid fast die gesamte Beschaffenheit unseres Daseins. Es ist das Wasser, mit dem wir unser Süppchen kochen. Es ist dasjenige, worin unser Leben im Einzelnen besteht.

In Bezug auf das Leid, auf Schmerz und Freude lässt sich sagen: Wann immer ein Element von Gesundheit mit ins Spiel kommt, lässt der neurotische Schmerz nach, wird er ein bisschen weniger dramatisch und persönlich. Aufgrund der geistigen Klarheit wird der Schmerz zugleich markanter – nicht etwa weil er zugenommen hätte, sondern weil die Verwirrung abgenommen hat. Mit wachsender Klarheit wird der Schmerz daher unverhohlener, präziser und unmittelbarer wahrgenommen. Fern der Weisheit, heißt es im *Abhidharma*, den buddhistischen Lehrtexten zur Psychologie und Philosophie, empfinde ein Mensch den Schmerz so, als streiche ihm ein Haar über die Hand; der Weise hingegen empfinde diesen Schmerz so, als streiche ihm ein Haar übers Auge. Demnach verspüren die Weisen, weil sie in höherem Maß von Neurose frei sind, mehr Schmerz. Sie empfinden *wirklichen* Schmerz, den Schmerz genau so, wie er tatsächlich ist. Das letztgültige Verständnis von Schmerz beinhaltet laut Jamgon Kongtrul, dass Sie Ihren Schmerz zwar nicht loswerden, jedoch zu einem höheren Verständnis dieses Schmerzes gelangen können. Dahingehend entwickeln sich die Dinge offenbar.

Hier an diesem Punkt befassen wir uns mit der Ebene der Fakten. Am Anfang, auf der Stufe des Hinayana, ist der Buddhismus ein bisschen schlicht, aber durchaus vorzeigbar. Es gibt die Vorstellung von Leid und Elend, außerdem die Vorstellung, dass wir uns, wenn wir die Unterweisungen in die Tat umsetzen, tatsächlich davon befreien können. Das mag schlicht sein, nichtsdestoweniger ist es wahr, und es ergibt für die Menschen Sinn. Es ist höchst real und ehrlich. Die ganze Angelegenheit lässt sich nicht wegpsychologisieren, indem Sie sagen: „Du hast zwar Schmerzen, aber betrachte sie als etwas Nichtexistierendes", und sich anschließend wieder in philosophische Erörterungen ergehen. Ein derartiger Ansatz ist nicht sonderlich hilfreich. Also bleibt Ihnen nichts weiter übrig, als sich an die Ebene der schlichten Wahrheit zu halten. Und wenn Sie dem Ganzen mit einem Blick für die Feinheiten auf den Grund zu gehen versuchen, wird Ihnen klar, dass dies alles tatsächlich gar nicht so schlicht, sondern sehr, sehr anspruchsvoll ist. Allerdings müssen Sie deutlich machen, dass der Dharma ein gangbarer Weg ist, eine Situation, mit der sich arbeiten lässt. Ansonsten lässt sich mit anderen Menschen nicht wirklich darüber sprechen, und so wird er zu einem Ammenmärchen. Man könnte sagen: „Setz dich hin, und praktiziere. Dann wirst du aus deinem Elend herauskommen." Das ist nicht gerade eine Verheißung, ebenso wenig ein Spruch, den Sie abrufbereit auf Lager haben, sondern es ist wahr. Ganz einfach.

Wenn wir die Erste Edle Wahrheit erörtern, wollen wir damit keineswegs sagen, man solle nicht geboren, nie krank, nie alt werden und nie sterben. Was jedoch das *Leiden* daran betrifft, so kann ein Mensch den Tod ohne Schmerz, Krankheit ohne Schmerz, Alter ohne Schmerz und Geburt ohne Schmerz erleben. Unser Anliegen ist nicht etwas, das den Normen und Gesetzmäßigkeiten der Erscheinungswelt zuwider läuft. Nie könnte es auch nur einen einzigen Buddhisten geben, falls die Betreffenden nicht geboren würden. Daher werden Sie, fürchte ich, von Geburt, Tod, Alter und Krankheit nicht loskommen. Den Aspekt des Schmerzes können Sie zwar überwinden, nicht aber das Phänomen insgesamt.

Entsprechendes hat man im Hinayana-Buddhismus auch über den Buddha selbst gesagt – dass er geboren worden und gestorben ist. Demnach unterlag er bis zu einem gewissen Grad dem samsarischen Maßstab. Er war einzig und allein *Nirmanakaya*, war auf Erden, keineswegs ein Supermann. Er war ein guter Mensch, aber er musste sich nach den weltlichen Maßstäben richten: Er musste seine Nahrung zu sich nehmen, und er musste sterben. Und wir befinden uns in der gleichen Situation. Wir versuchen nicht, darüber hinauszugehen. Gesetzmäßigkeiten der Naturwissenschaften versuchen wir nicht zu widerlegen.

Allerdings dürfen wir erklären, dass wir, als nichttheistische Buddhisten, die ganze Welt von Schmerz befreien können. Das ist die tollste Nachricht. Und wir tun das in angemessener Weise – nicht indem wir jemanden anbeten oder indem wir in einen Trancezustand eintreten. Wir gehen dabei methodisch, wissenschaftlich, psychologisch vor. Bei uns selbst anfangend, geben wir diese Nachricht dann wiederum an andere weiter. Das ist sehr konkret und gewöhnlich – und zugleich ist es ganz außergewöhnlich.

DIE ZWEITE EDLE WAHRHEIT

Die Wahrheit von der Entstehung des Leids

Die Entstehung des Leids sollte vermieden werden

DRITTES KAPITEL

Die Kraft der aufflackernden Gedanken

> Alles beginnt zunächst in einem kleinen Maßstab und weitet sich dann aus. Allmählich werden die Dinge größer, und sie entfalten sich, bis sie sehr groß werden – unermesslich groß in vielen Fällen. Diese Erfahrung können wir selbst machen. Aufgrund winziger Verschiebungen der Aufmerksamkeit entstehen Aggression, Leidenschaft, grundlegende Unwissenheit und all die anderen Emotionen. Obwohl solche Emotionen scheinbar sehr schwerfällig, plump und grobschlächtig sind, liegt ihr Ursprung in jenen subtilen Veränderungen, die sich unablässig in unserem Geist vollziehen.

L EID, DIE ERSTE EDLE WAHRHEIT, entsteht aus Geistesabwesenheit. Es entsteht aus Dummheit beziehungsweise Unwissenheit. Wir sind durchaus nicht von Grund auf unfähig, achtsam zu sein, aber ein Bemühen zu entwickeln auf dem Weg, freudige Anstrengung, das will uns nicht gelingen. Ist man geistesabwesend, nicht gewahr, ruft das ein Gefühl von Verlorenheit und Getrenntheit hervor. Solch eine grundlegende Verwirrung zu empfinden verursacht naturgemäß Schmerz. Weil Sie eine derartige Unzufriedenheit verspüren, weil Sie nicht Ihren richtigen Platz finden, versuchen Sie, gegen die Außenwelt aggressiv zu werden oder sich zu beschweren. Eigentlich sollten Sie die Beschwerde jedoch an sich selbst richten. Denn Sie haben Ihr Gewahrsein verloren, das war der Ausgangspunkt des Problems. Und das sollten Sie nicht jemand anderem anlasten.

Sie verstehen es nicht, sich auf angemessene Weise zu verhalten – das ist der Grundzug von Leid. Und ein Gefühl von Unbeholfenheit ist sein erster Vorbote: Körper, Rede und Geist richtig zu koordinieren gelingt Ihnen nicht. Solch eine alles umfassende

Unbeholfenheit kann man als einen „Affeninstinkt" bezeichnen. Aus dem Leid ergibt sich die Vorstellung von Irritation. Da Sie mit Ihrer Umgebung nicht recht in Einklang stehen, hat es auf einmal den Anschein, die Welt habe es auf Sie abgesehen. Vielleicht sitzen Sie in einem sehr unbequemen Sessel, der einfach nicht die passende Größe für Sie hat, und daher verspüren Sie eine schmerzhafte Verkrampfung. Womöglich treten Sie auf dem Bürgersteig in einen Haufen Hundekot, und auf einmal wissen Sie nicht, wen Sie dafür verantwortlich machen sollen: den Hund, weil er dort den Haufen hingesetzt hat, sich selbst oder die Unsauberkeit der Stadt. Dauernd herrscht Verwirrung, oder ein Groll gegen Welt regt sich. Mit jemandem, der es auf Sie abgesehen hat, müssten Sie doch eigentlich ein ernstes Wörtchen reden – allerdings haben Sie die Unannehmlichkeit selbst hervorgerufen, und darum wissen Sie nicht, was Sie sagen sollen. Jede aus mangelndem Gewahrsein vollzogene Regung bewirkt im Grunde genommen Schmerz und Leid. Den Überblick zu verlieren, den Zusammenhang aus den Augen zu verlieren, einen Bezugspunkt für Offenheit zu verlieren, all das verursacht Schmerz.

Zu verstehen, was Leid ist, hat große Bedeutung. Nicht uns Freude zu bereiten ist Sinn und Zweck der Meditationspraxis, vielmehr soll sie uns helfen, die Wahrheit des Leids zu verstehen. Und um die Wahrheit des Leids zu verstehen, muss man zugleich die Wahrheit des Gewahrseins verstehen. Stellt sich wahres Gewahrsein ein, existiert kein Leid. Durch Gewahrsein gelangen wir zu einem etwas anderen Blick auf das Leid. Das heißt nicht unbedingt, dass Sie nicht leiden. Jener bedrückende Aspekt jedoch, der Eindruck, zutiefst in Problemen zu stecken, ist jedenfalls nicht mehr vorhanden. Ähnlich als würde man einen Splitter entfernen: Unter Umständen wird das wehtun, und vielleicht haben Sie dann immer noch Schmerzen. Die eigentliche Ursache jener Schmerzen, das Ich, ist aber beseitigt worden.

Bei der Zweiten Edlen Wahrheit geht es um den Ursprung des Leids; darum, wie Leid und Unzufriedenheit entstehen. Leid fängt damit an, dass einem ganz einfache und gewöhnliche, von fundamentaler Verwirrung herrührende Gedanken in den Sinn kommen. Bevor sich eine Absicht herauszubilden beginnt, besteht ein

Zustand äußerster Ungewissheit – im Sinn eines im Großen und Ganzen trüben und dumpfen Geisteszustands. Alle paar Sekundenbruchteile setzt in unserem Seinszustand solch eine Ungewissheit beziehungsweise Verwirrung ein. Andauernd geschieht das. Wir wissen nicht, ob wir kommen oder gehen, ob wir wahrnehmen oder nicht wahrnehmen. Aufgrund dieser Ungewissheit drehen wir uns lieber im Kreis, statt den Blick um uns schweifen zu lassen und aus uns herauszugehen. Unsere Handlungen bekommen den Anstrich oder Beigeschmack von so etwas wie einem fundamentalen Affeninstinkt: Die eigenen, einer starken Zersetzung unterliegenden körperlichen oder geistigen Ausdünstungen sind unsere einzige Richtschnur. Das ist, als wolle ein Blinder einen Lahmen führen. Wir schnuppern einfach rum. In diesem dumpfen Zustand begeben Sie sich bereitwillig in einen Pferch oder in eine Höhle, ohne zu wissen, dass dies schmerzliche Konsequenzen haben wird. Dergestalt zieht es Sie zum Leid hin statt zur Freude.

Der Ausgangspunkt solch einer Tendenz zu Schmerz und Leid liegt weder im Leid noch in der Freude; vielmehr in dem Wunsch, den Kopf komplett einzuziehen, ihn quasi im eigenen Leib zu vergraben und die eigene Verruchtheit zu riechen. Lieber wollen Sie zu Hause bei der eigenen Familie bleiben, als nach draußen zu gehen und Fremden zu begegnen. Lieber bleiben Sie im eigenen Nest hocken, was sich als eine schlechte Entscheidung herausstellt, und die Folge ist Schmerz. Am Anfang steht für Sie also Unwissenheit, in der alles auf die eigene Behaglichkeit beschränkt bleibt, so als würden Sie in einem Kokon leben. Vor lauter Unwissenheit lassen Sie lieber zu, dass ein gewaltiger Tumor in Ihnen heranwächst, statt ihn herausoperieren zu lassen und sich daraufhin wohler zu fühlen. Denn die Operation ist Ihnen zu schmerzhaft, und etwas gegen den Tumor zu unternehmen halten Sie für zu großen Aufwand. Ja, auf diese Einstellung sind Sie sogar noch stolz. Zwar sind Sie darauf aus, Freude zu haben. Dennoch entpuppt sich, was Sie erleben, als Schmerz und Leid.

Grundlegende Gutheit ist bei Ihnen noch nicht zum Vorschein gekommen. Grundlegende Gutheit gleicht dem Duschen nach dem

Aufstehen, durch das Sie erst richtig wach werden. Aber Sie wollen lieber keine Dusche nehmen, obgleich Sie ein Badezimmer haben. Lieber bleiben Sie weiter im Bett liegen und dösen vor sich hin. Das bereitet Ihnen weniger Umstände, und Sie brauchen keinerlei Opfer zu bringen, müssen nichts aufgeben. Im eigenen Schmutz zu baden ist viel leichter. Sie duschen sich nicht, Sie waschen sich nicht, Sie gehen nicht zum Friseur, um sich die Haare schneiden zu lassen, Sie lassen sich einen langen Bart wachsen, lassen sich das Haar lang wachsen; Sie hängen einfach rum und halten sich an das, was Ihnen ein kleines bisschen Freude bereitet. Das kommt der Vorstellung von Samsara schon außerordentlich nahe.

In solcher Stumpfsinnigkeit beginnen Sie etwas zu finden, und dieses Etwas ist Leidenschaft oder Lust. Eigentlich wissen Sie noch nicht einmal, wonach es Sie gelüstet – dieses in vollen Zügen auszuleben sind Sie aber gewillt. Begehren beziehungsweise Lust ist dasjenige, was sich entzündet, was Feuer fängt. Es beruht darauf, dass Sie sich selbst aufbauen wollen. Das Verlangen benötigen Sie jedoch nicht. Einen Spaziergang können Sie unternehmen mit dem Verlangen, sich aufzubauen. Aber ebenso gut könnten Sie einen Spaziergang machen, ohne dabei zu versuchen, sich aufzubauen. Sie könnten einfach spazieren gehen, ganz schlicht und schnörkellos, nichts weiter als das. Dies zu tun hätte eine ausgesprochen öffnende Wirkung. Es muss nicht immer alles hintersinnig sein, und man muss nicht über alles philosophieren. Man könnte eine ganz einfache Motivation haben.

Der natürliche, instinktive Drang zu Schmerz heißt auf Tibetisch *Kün-djung;* und in Sanskrit *Samudaya*. *Kün* bedeutet „alle/s" oder „jeder, jede, jedes"; und *jung* bedeutet „entstehen/d". *Kün-djung* heißt also: „die Entstehung von allem". Kün-djung ist eine Abkürzug für *Nyönmong kün-djung*. Das bedeutet: „die Entstehung sämtlicher Trübungen (Kleshas)". Dort werden sämtliche Geistestrübungen und all der Schmerz hervorgerufen. Kün-djung lässt die zwölf *Nidanas* entstehen, die Glieder in der Kette der Verursachung (Unwissenheit, Gestaltung, Bewusstsein, Name und Form, die sechs Sinne, Kontakt, Empfinden, Begehren, Anhaften, Werden, Geburt, Tod).

Diese bilden den Ausgangspunkt der fünf Skandhas, die von Kleshas durchdrungen sind.

Kün-djung kann laut Abhidharma in Form von aufflackernden Gedanken entstehen und hängt mit dem Begriff *Sem-djung* zusammen, den 51 aus dem Geist hervorgehenden mentalen Geschehnissen. Zugleich wird Kün-djung mit zweierlei Formen von *Drippa*, oder Schleier, in Zusammenhang gebracht: mit *Pakchak kyi drippa*, dem „Schleier der gewohnheitsmäßigen Tendenzen", und mit *Nyönmong kyi drippa*, dem „Schleier der negativen Emotionen". Das Aufkommen oder Aufflackern der Gedanken, Pakchak kyi drippa, setzt die Emotionen in Gang, Nyönmong kyi drippa. Das Aufflackern spielt eine ähnliche Rolle wie die Zündflamme an Ihrem Gasherd, die stets brennt und alle anderen Flammen entfacht. Ebenso ist stets etwas Pakchak kyi drippa vorhanden, um eins der Skandhas oder Kleshas anfachen zu können, die bereit stehen und darauf warten, entzündet zu werden.

Kün-djung, die Entstehung des Leids, schreitet voran – um diese Vorstellung handelt es sich hier. Wenn wir uns in eine Situation oder in eine bestimmte Welt hineinprojizieren, nehmen wir zunächst einmal eine winzig kleine Verlagerung der Aufmerksamkeit vor, woraufhin die Dinge vergrößert und übertrieben werden. Laut Abhidharma ist der Zusammenhang zwischen kleinen Ideen und großen Ideen sehr wichtig. Beispielsweise liegt der Ausgangspunkt für plötzlich eintretende Dramen, wenn etwa jemand einen anderen Menschen ermordet oder gewaltiges Chaos anrichtet, auf der Ebene kaum wahrnehmbarer Vorstellungen und ganz geringfügiger Verschiebungen der Aufmerksamkeit. Etwas Großes wird durch etwas vergleichsweise Kleines ausgelöst. Die erste kleine Andeutung, dass man jemanden ablehnt beziehungsweise sich von ihr oder ihm angezogen fühlt, eskaliert schließlich und mündet in ein emotionales Drama oder Psychodrama ganz anderer Größenordnung. Alles beginnt zunächst in einem kleinen Maßstab und weitet sich dann aus. Allmählich werden die Dinge größer, und sie entfalten sich, bis sie sehr groß werden – unermesslich groß in vielen Fällen. Diese Erfahrung können wir selbst machen. Aufgrund winziger Verschiebungen der Aufmerksamkeit entstehen Aggression, Leidenschaft, grundlegende Unwissenheit und all die anderen Emotionen. Obwohl solche Emotionen scheinbar sehr schwerfällig, plump und grobschlächtig sind, liegt ihr Ursprung in jenen subtilen Veränderungen, die sich unablässig in unserem Geist vollziehen.

Infolge solch einer plötzlichen Verschiebung der Aufmerksamkeit und weil unser Geist im Grunde so ungeschult ist, stellt sich bei uns das Gefühl ein, das Ganze habe sich mehr oder weniger zufällig ergeben. Ständig sind wir auf Suche nach Möglichkeiten, entweder Besitzansprüche an jemanden zu stellen, jemanden zu zerstören oder jemandem unsere Welt aufzuschwatzen. Solch eine Auseinandersetzung findet andauernd statt. Uns fehlt es einfach an einem angemessenen Umgang mit solchen immer wieder stattfindenden Verschiebungen. Das ist das Problem. Das Entstehen solcher Gedanken erleben wir gerade jetzt in diesem Augenblick, die ganze Zeit. Andernfalls wäre die Zweite Edle Wahrheit keine Wahrheit – sie wäre bloße Theorie.

Wer Meditation praktiziert und die Unterweisungen studiert, wer sich geöffnet und Neugierde entwickelt hat, kann dieses Muster erkennen. Wenn Sie praktiziert haben, sind Sie so offen und empfindsam, als hätten Sie keine Haut. Das ist gut. Sind Sie hingegen allzu „abgeklärt", möchten Sie vielleicht lieber weglaufen oder versuchen, sich ein dickeres Fell zuzulegen. Die Fähigkeit, auf die Feinheiten der geistigen Veränderungen eingehen und mit ihnen umgehen zu können, hat mit dem Hinayana-Grundsatz zu tun, dass wir jeder Aktivität, der wir nachgehen, Schritt für Schritt unsere Aufmerksamkeit schenken sollten. So etwas wie ein unvermittelt zustande kommendes Psychodrama, das nicht auf vorherige Ursachen und Wirkungen zurückgeht, gibt es nicht. Jedes Psychodrama, das sich in unseren Handlungen oder in unserem Geist abspielt, hat seinen Ursprung in kleinen aufflackernden Gedanken und in kleinen flackernden Bewegungen der Aufmerksamkeit.

VIERTES KAPITEL

Die Entwicklung fester Muster

> Den inneren Aufbau des Leids, sein Zustandekommen und seine Wirkungsweise zu verstehen ist eine Möglichkeit, mit ihm umzugehen. Wenn wir sofort erörtern, wie wir das Leid abstellen können, ist das nicht sonderlich hilfreich. Erst einmal müssen Sie ein wenig zur Ruhe kommen und sich Zeit nehmen, die Zweite Edle Wahrheit, diejenige von der Entstehung des Leids, zu begreifen, um sich wirkliche Klarheit darüber zu verschaffen. Sie sollten die Psychologie des Leids verstehen und begreifen, auf welche Faktoren es zurückzuführen ist. Nichts anderes hilft an diesem Punkt gegen das Leid.

MERKWÜRDIGERWEISE KANN LEID ENTWEDER DAHER RÜHREN, dass man hochgradig diszipliniert und gewahr zu sein versucht, oder aber daher, dass das Gewahrsein völlig auf der Strecke bleibt. Falls Sie nicht achtsam und gewahr sind, bewirkt das im Allgemeinen Leid. Sind Sie hingegen achtsam und gewahr, entsteht kein Leid. Allerdings kann Leid auch daraus resultieren, dass Sie Ihre Gewahrseinsdisziplin als Mittel einsetzen, um sich im Leben durch fest vorgegebene Muster selbst abzusichern.

Solche ichbezogenen Muster ergeben sich aus Einstellungen wie auch aus Handlungen, und sie führen zu Leid. Einige dieser Muster sind: 1) die fünf Skandhas so auffassen, als seien Sie etwas uns Zugehöriges; 2) sich vor Vergänglichkeit schützen wollen; 3) die eigene Auffassung für die beste halten; 4) von den Extremen des Nihilismus und des Eternalismus überzeugt sein; 5) Leidenschaft; 6) Aggression; 7) Unwissenheit.

Die fünf Skandhas als etwas einem selbst Zugehöriges auffassen

Die fünf Skandhas (Form, Empfindung, Wahrnehmung/Impuls, Vorstellung, Bewusstsein) als etwas einem selbst Zugehöriges betrachten, darin besteht das erste feste Muster. Man bezeichnet es als „die schlechte Sichtweise" beziehungsweise als „die weniger gute Sichtweise".

Sich vor Vergänglichkeit schützen

Sich vor Vergänglichkeit schützen wollen und versuchen, ewiges Leben zu entwickeln, darin besteht das zweite der von vielen Menschen aufrechterhaltenen festen Muster. Wenn Sie glauben, von ewiger Dauer zu sein, oder dies für möglich halten, suchen Sie sich als Erstes die falsche Art von Meister – jemanden, der Ihnen versichert: „Wenn du in meinem Sinn praktizierst, werde ich dir ewiges Leben geben. Du wirst leben auf immerdar!" Das ist die altbekannte Vorstellung vom Paradies, der Ansatz von Shangri-la. Von Ihrem Körper wissen Sie indes, dass er nicht ewig Bestand haben kann, und darum hoffen Sie, wenigstens dem Geist zu ewigem Fortbestand verhelfen zu können, indem Sie sich einen spirituellen Meister suchen und ihn bitten, Sie zu retten.

Die eigene Auffassung für die beste halten

Die eigene Auffassung für die beste halten ist das dritte feste Muster. Es beruht auf einer durch spirituellen Materialismus geprägten Sicht des Heiligen: „Dieser Ort ist heilig, dieser Körper ist heilig, und diese Praxis ist heilig." Ein derartiges Gefühl von Heiligkeit hat jedoch große Verwirrung zur Grundlage – die Überzeugung, eine magische Kraft werde Sie retten.

An die Extreme des Nihilismus oder des Eternalismus glauben

Der Glaube an das Extrem des Nihilismus oder an dasjenige des Eternalismus ist das vierte feste Muster. Im Extrem des Nihilismus sieht man alles als vollständig leer an, als Nichts. Demnach spielt nichts in Ihrem Leben eine Rolle. Was auch immer geschieht – ob Sie sich am Strand oder in den Bergen aufhalten, ob Sie sich den Sonnenaufgang oder den Sonnenuntergang anschauen, ob Sie die Vögel fliegen und die Blumen wachsen sehen oder die Bienen summen hören –, nichts spielt eigentlich eine Rolle.

Das Extrem des Nihilismus fußt auf der philosophischen Überzeugung, wer an überhaupt nichts glaube, sei von allem frei. Es steht in Zusammenhang mit der *Shunyata*-Erfahrung: keine Form, keine Rede, keine Emotionen und so weiter. Jede Erfahrung wird philosophisch total zerredet. Um solch eine nihilistische Philosophie noch weiter zu bekräftigen, heißt es, man solle alles als Ausdruck von Leerheit auffassen. Wenn Sie zum Beispiel das Geräusch der von einem Räucherstäbchen herabfallenden Asche vernehmen, verstehen Sie dieses als Klang von Leerheit, als Shunyata. Indem Sie die Dinge als Ausdruck von Leerheit auffassen, meinen Sie, alles werde in Ordnung sein.

Demgegenüber meinen Sie im Extrem des Eternalismus, alles sei von ewiger Dauer und sicher. Anstatt jedoch einfach zu denken, alles werde schon seine Richtigkeit haben, meinen Sie hier, zu allem, was um Sie herum geschieht, müssten Sie in eine Beziehung treten. Sie müssten, so Ihr Gefühl, mit der Erde und mit den Bäumen eins sein, müssten eins sein mit der Natur, die ewig ist. Sich einfach nur an etwas zu erfreuen, es wertzuschätzen, ohne ein Wort darüber zu verlieren, stellt dann ein Problem für Sie dar. Damit ist Ihnen nicht gedient – Sie müssen ins Einzelne gehen und es zu etwas Persönlicherem machen. Sie müssen die richtigen Nahrungsmittel essen, die richtigen Fitnessübungen betreiben, die richtige Kleidung tragen. Sie müssen in den richtigen Rhythmus von Yin und Yang hineinkommen. Sie glauben an eine immerwährende Gesetzmäßigkeit oder Norm, die unser Leben bestimmt. Und Sie haben die Vorstellung, zu dieser müssten Sie in Verbindung treten, müssten im Kosmos auf der richtigen Seite stehen, um mit ihr keinen Ärger und keine Probleme zu haben.

Sobald Sie an eines dieser beiden Extreme zu glauben beginnen, haben Sie das Gefühl, Sie bräuchten sich nicht hinzusetzen, um zu meditieren; die Meditation komme vielmehr zu Ihnen. Unglücklicherweise stimmt das jedoch nicht ganz. Etwas *anderes* kommt zu Ihnen: der Glaube an den Nihilismus oder an den Eternalismus. Kurzfristig gesehen mag das zwar eine angenehme Erfahrung sein. Ohne eine klar umrissene Praxis und Disziplin, die Ihnen von einem Linienhalter in einer authentischen Überlieferungslinie beigebracht wird, können Sie indes weder das nihilistische noch das eternalistische Extrem auflösen, und ebenso wenig können Sie über die Entstehung des Leids hinausgelangen.

Durch die Praxis erhalten Sie ein Gefühl für Präsenz, gewinnen schlicht Gewahrsein, sodass die Erfahrung ganz real ist und weder einen nihilistischen noch einen eternalistischen Schatten zu werfen braucht, damit Ihnen alles solide vorkommt. Statt im Sinn des Nihilismus zu sagen: „Ja klar, die Sonne ist aufgegangen. Na und?", sagen Sie einfach: „Die Sonne ist aufgegangen!" Und statt im eternalistischen Sinn zu sagen: „Ich habe makrobiotisch zu Abend gegessen", sagen Sie einfach: „Was soll's? Ich habe gegessen!" Die Hinayana-Bewusstseinsebene ist sehr tiefgründig.

Das ist eine stark vereinfachte Darstellung des Nihilismus und des Eternalismus. Die Philosophen und Theologen des Hinduismus lassen sich in höchst ausgeklügelter Weise über die beiden Extreme aus. Dessen ungeachtet stellen wir diese beiden Extreme aus der Perspektive von Eternalisten oder Nihilisten dar, die heutzutage hier in Kalifornien oder in New York leben. Im Kern geht es beim Eternalismus wie auch beim Nihilismus um eine Möglichkeit, wie man versuchen kann, die eigene Existenz und das Ich aufzupäppeln. Um extreme Auffassungen handelt es sich in dem Sinn, dass einem entweder die Dinge überhaupt nicht gleichgültiger sein könnten und rein gar nichts ein Problem darstellt oder aber ein Problem vorhanden *ist* und man unbedingt auf der richtigen Seite stehen sollte. Der springende Punkt in Bezug auf diese beiden Extreme: Weder sollte man beide Extreme komplett verwerfen, noch sollte man an sie glauben. Vielmehr gilt es, eine völlig andere Denkweise zu entwickeln, in der es keine Sicherheit und kein Ich gibt. Allein durch Gewahrsein bekommen Sie wirklich einen Sinn für diesen nichtdualen Ansatz.

Leidenschaft, Aggression und Unwissenheit

Bei dem letzten festen Muster treffen wir wieder auf gute alte Bekannte: Leidenschaft, Aggression und Unwissenheit. Bei der Leidenschaft, oder Lust, zeigt sich eigentümlicherweise ein psychologisch sehr interessantes Wechselspiel mit der Aggression. Soll heißen: Das Problem mit der Leidenschaft rührt daher, dass sie nicht voll und ganz Leidenschaft ist. Diese wäre geradeheraus und echt. Die Leidenschaft oder Lust, die wir im Reich des Ich erleben, ist jedoch so ziemlich das Gegenteil davon. Ihr wohnt ein Anflug von Hass inne. Dadurch kommen ein Habenwollen, Festhalten und Besitzergreifen ins Spiel. Sie merken, dass Sie etwas nicht haben, daher wollen Sie danach greifen und es festhalten. „Weil ich spüre, dass ich nicht wirklich hier bin", so denken Sie, „empfinde ich diesen Schmerz. Wie kann ich mich angemessen behaupten?" Und daraufhin erhalten Sie von sich selbst die Anweisung: Um leidenschaftlich zu sein, müssen Sie ein klein wenig aggressiv sein.

Ebenso schwingt in der Aggression eine gewisse Begierde und Lust mit, wodurch die Aggression verstärkt wird. Jemandem gegenüber eine aggressive Haltung zu haben läuft demnach auf das Gleiche hinaus wie, eine Liebesaffäre mit jemandem zu haben.

Was die Unwissenheit anbelangt, so enthält sie Anteile von Leidenschaft und von Aggression: In den Wunsch, etwas hinzuzulernen mischt sich ein leiser Unterton von Hass. Der Geist, so meinen Sie, sei in seiner jetzigen Verfassung vielleicht nicht intelligent genug, um wissend sein zu können. Daher beginnen Sie, all dem, was Sie wissen könnten, keine Beachtung mehr zu schenken, und Sie entwickeln einen Hass auf das Wissen und Lernen.

Diese sieben vorgegebenen Auffassungen, oder vorgegebenen Muster, sind die Grundelemente, aus denen Leid entsteht. Sobald wir in eine dieser Auffassungen beziehungsweise in eines dieser Muster verfallen, oder in alle, machen wir unablässig die Erfahrung, uns abstrampeln zu müssen, erleben wir Konkurrenz, Schmerz und Verwirrung. Wenden wir uns aber der Zweiten Edlen Wahrheit im Geist einer kontemplativen Praxis zu, so stellen wir fest, dass diese Grundelemente offenkundig und persönlich sind.

Durch die Meditationspraxis begreifen Sie, dass diese Muster nicht unbedingt verschwinden werden. Wenigstens verstehen Sie nun jedoch, worum es hierbei geht. Und im weiteren Verlauf Ihres Weges werden Sie dann wissen, wie Sie damit umzugehen haben. Vielleicht werden Sie meinen, sobald der Dharma beziehungsweise die Wahrheit erst ausgesprochen ist, sollten diese Probleme sich ganz von allein lösen. Das trifft jedoch nicht zu. Zunächst müssen Sie Ihren Zugang zum Dharma finden; *dann* können Sie darüber nachdenken, was Sie zu tun vermögen. Nur wer schon Geschäftsmann ist, kann zu einem Gespräch über das Thema Konkurs einen wirklich fundierten Beitrag leisten.

FÜNFTES KAPITEL

Immer wieder aufs Neue hervorgebrachtes Leid

Wann immer wir auf etwas stoßen, das wir nicht wünschenswert finden, beziehungsweise auf etwas, wovon wir uns nicht angezogen fühlen, versuchen wir mit kleinen Tricks, es zu umgehen. Das ist unser Gewohnheitsmuster. Wir könnten uns selbst dabei zusehen, wie wir dies anstellen. All die Kleinigkeiten, die wir uns dann einfallen lassen, die kleinen Bereiche, in denen wir darauf bedacht sind, für die eigene Unterhaltung zu sorgen – jener ständig ablaufende Prozess ist nicht nur das Produkt des Leids, sondern er produziert auch neues Leid. Er ist die Quelle, die immer wieder aufs Neue Leid hervorbringt, und zugleich ist er dasjenige, womit wir es infolge des Leids unablässig zu tun haben.

Die Entstehung von Leid, Kün-djung, fußt auf dem Glauben an Ewigkeit. Solch ein Ewigkeitsglaube unterscheidet den Theismus vom Nichttheismus. Aus dem Glauben an Ewigkeit erwächst neben der Hoffnung, sich selbst behaupten zu können, weiterhin dazusein, auch die Suche nach Langlebigkeit des Selbst oder Ich. Damit einhergehend setzt eine Angst vor dem Tod ein. Wir halten Ausschau nach allen möglichen Alternativen, nach einer Möglichkeit, uns zu beschäftigen. Wir tappen weiter umher, um zu überleben. Dieser Prozess des Suchens hängt mit der Entwicklung der Kleshas zusammen. Wir beginnen den Blick nach außen zu richten, schauen auf andere statt auf uns selbst, hinaus in die Welt, und wir greifen nach der Welt, um uns nach Möglichkeit zu behaupten. Die Welt dient uns als Krücke. Solch ein Prozess hat Leid zur Folge. Denn die verschiedenen Mittel, mit denen wir uns zu behaupten suchen, sind dafür in Wirklichkeit ungeeignet. Tatsächlich stellen sie ein Hindernis dar. Unser Vorhaben beginnt also zu scheitern. Je weiter es in die Brüche geht, umso mehr bedarf es der Wiederherstellung und der Neuorganisation. Und währenddessen kehrt das Leid zurück. Ein ums andere Mal beginnen wir daher mit der Wiederherstellung. Ein Teufelskreis.

Der Prozess von Samsara setzt sich immer weiter fort. Wie er abläuft, sollten wir unbedingt begreifen. Denn wissen wir erst, wie Samsara funktioniert, werden wir auch wissen, wie wir damit umgehen können. Wir werden dann wissen, was es zu überwinden und was es zu kultivieren gilt.

Der Weg, oder die Reise, erhält deshalb besondere Bedeutung, weil der Weg diejenige Fixierung aufbricht – das Festhalten an uns selbst wie auch das Festhalten an anderen –, von der man sagen könnte, sie sei der Ursprung des Leids. Zwei Arten von Kün-djung gibt es: das Kün-djung der Kleshas und das Kün-djung des Karmas. Die Kleshas sind der eigene Seinszustand, der eigene Geisteszustand. Sämtliche Kleshas – Leidenschaft, Aggression, Überheblichkeit und Unwissenheit beispielsweise – sind innere Situationen, im Geist stattfindende Geschehnisse, nichts weiter. Demgegenüber beinhaltet das Kün-djung des Karmas jene Handlungen, durch die man aufgrund solcher Kleshas auf andere einwirkt. Zwar könnten beide Arten von Kün-djung als karmisch aufgefasst werden, die zweite Art von Kün-djung ist allerdings weitaus stärker karmisch. Denn dazu zählen die Entscheidungen, die wir treffen, unser Umgang mit anderen und dasjenige, was wir dann tatsächlich mit der Erscheinungswelt machen.

Vom Kün-djung der Kleshas könnte man sagen, es sei eine Art embryonische Ausdrucksform des karmischen Kün-djung. Wenn Ihnen beispielsweise, während Sie meditieren, etwas in den Sinn kommt und Sie es augenblicklich erkennen, hat dies karmisch keineswegs dasselbe Gewicht, als wenn Sie daraufhin gehandelt hätten. Sobald Sie es durchschauen, gleicht es eher einem Spiel als einem ernsthaft ausgeheckten Plan. Falls Sie es hingegen in Ihrem kleinen Notizbuch vermerken, damit Sie daran denken, Ihre Freundin anzurufen und ihr davon zu erzählen, haben Sie bereits einen karmischen Samen gepflanzt. Es durch Ihren Geist einfach nur wahrzunehmen und es in seiner Nichtigkeit zu erkennen, es als bloßes Spiel zu begreifen, das ist die Rettung. Dies scheint bei der Meditationspraxis der alles entscheidende Punkt zu sein.

Die sechs Wurzel-Kleshas: widerstreitende, Leid heraufbeschwörende Emotionen

Kleshas sind Geistestrübungen, widerstreitende Emotionen. Man unterscheidet sechs Wurzel-Kleshas und 21 sekundäre Kleshas.[4] Zunächst sind Kleshas winzig klein, haben jedoch große, ja verheerende Auswirkungen. Ausgangspunkt der widerstreitenden Emotionen ist Ihre Sprunghaftigkeit und Ihre Suche nach Unterhaltung. Aus heiterem Himmel scheinen die Kleshas sich wie von Zauberhand zu manifestieren und Ihre Aufmerksamkeit zu erregen. Das tun sie allerdings, weil Sie bereit für sie sind. Nachdem Sie schon ein Objekt hervorgebracht haben, auf das Sie Ihre Aufmerksamkeit richten, entwickeln Sie weitere Verwirrung, in der wünschenswerte Dinge als nicht wünschenswert angesehen werden, wohingegen Sie nicht wünschenswerte Dinge für wünschenswert halten. Solch eine kleine Verkehrung findet statt.

Ganz schön verdreht, dieser Prozess. Sie wissen nicht, wer Sie sind und worin eigentlich Ihre Bedürfnisse bestehen. Alle erdenklichen Möglichkeiten sind gegeben, ausnahmslos bei jeder von ihnen findet indes solch eine kleine Verdrehung statt, die man als fehlerhafte Wahrnehmung bezeichnen könnte. Aus diesem geistigen Grundzustand gehen nach und nach Leidenschaft, Aggression, Unwissenheit und die diversen daraus sich ergebenden Emotionen hervor.

Traditionelle Texte beschreiben die Natur dieser Emotionen mit Ausdrücken wie Verstörung und Chaos. Widerstreitende Emotionen – das ist all das Auf und Ab, all das Sonderbare, das in Ihrem Geist vonstatten geht. Sechs Wurzel-Emotionen gibt es offenbar: Begierde, Wut, Stolz, Unwissenheit, Zweifel und Meinung.[5] Diese sechs Kleshas werden auch als „dasjenige, was die Gelassenheit stört" bezeichnet, als könne es, während man in der samsarischen Welt feststeckt, tatsächlich Gelassenheit geben. Im Allgemeinen bereitet es uns sehr große Mühe, überhaupt ein wenig Raum zu finden, in dem wir die Erfahrung von Gelassenheit und Frieden machen können. Gelassenheit bedeutet hier lediglich: Vorübergehend erholt man sich davon, dass man sich einem jener sechs Seinszustände überlässt.

Aus elementarer Stumpfsinnigkeit beziehungsweise Verwirrung entstehen der Reihe nach die sechs Wurzel-Kleshas. Mit anderen Worten: Weil Sie nicht wissen, was Sie tun sollen, steigen aus Ihrer Verwirrung plötzlich Gedanken empor. Dadurch werden Sie auf einmal sehr leidenschaftlich und lüstern. *Begehren* ist also das erste Klesha. Eigentlich läuft es eher auf Lüsternheit hinaus als auf Begehren. Sie werden geil auf sich selbst und auf Ihren Zustand der Verwirrung. Da Sie jedoch außerstande sind, die angemessene Befriedigung dieser Geilheit zu erfahren, erleben Sie *Wut*. Aus solcher Wut und der Unfähigkeit, sich Befriedigung zu verschaffen, resultiert – als eine Art Selbstschutz oder Selbstbehauptung – Überheblichkeit beziehungsweise *Stolz*. Es folgen Unüberlegtheit, Unsicherheit oder *Unwissenheit*. Diese *Unwissenheit* ist eine andere Art von Unwissenheit als diejenige, durch die der Prozess in Gang kommt. Sie beinhaltet keine grundlegende Verwirrung. Eher besteht sie einfach darin, dass man Situationen boykottiert, Dinge nicht zur Kenntnis nimmt, nicht bereit ist, Dinge auf intelligente Art und Weise zu betrachten. Leidenschaft führt also zu Aggression, die zu Stolz führt, und der führt wiederum zu einer stumpfsinnig gewordenen Art von Nichtkümmern. Das sind die ersten vier Kleshas.

Aus Ignoranz entwickelt sich dann das fünfte Klesha, das als *Zweifel* bezeichnet wird. Möglichen Alternativen vertrauen Sie nicht, Sie wollen keinen Ratschlag erhalten und keinen Ausweg gezeigt bekommen. Sie haben Zweifel an den Unterweisungen, am Lehrer und am Buddhadharma. Selbst die schlichten, zweckmäßigen Alltagsnormen zweifeln Sie an. Daraus ergibt sich das sechste Klesha. Es wird Sichtweise genannt, oder *Meinung*. Sie basteln sich eine bestimmte Meinung zusammen, um Ihren Trip zu untermauern. „So sieht das aus", sagen Sie. „Jetzt hab' ich's raus. Ich weiß es, und ich weigere mich, etwas anderes zu glauben. So sehe ich das. Das ist meine Vorstellung. Ich bin zu der Überzeugung gelangt, dass ich damit genau das Richtige tue."

In Hinblick auf das Kün-djung der Kleshas war davon die Rede, Unwissenheit sei die Quelle des Leids. Außerdem hieß es, Leidenschaft sei der Ausgangspunkt des Leids. Zwischen beiden Auffassungen besteht aber im Grunde kein Widerspruch. Leidenschaft verweist auf jene Verwirrung, die stets die nächstmögliche Situation ergreifen will. Indem wir dauernd an Situationen festhalten, bewirken wir, dass bei uns unablässig Begierde aufkommt. Leidenschaft ist also eine treibende, gefühlsbetonte Kraft. Doch liegt ihr das Gefühl von Unsicherheit, Verwirrung und Unwissenheit zugrunde. Daher könnte man auch sagen, grundlegende Unwissenheit sei der Ursprung des Leids. Der Ausdruck *grundlegend* bezieht sich auf die Grundlage, auf der wir, wie wir feststellen, leidvolle Erfahrungen machen.

Grundlegende Verwirrung und Leid sind Existenz. Sie *sind*. Für sie gibt es keinerlei Partnerschaft, sie *sind* einfach. Denn *Sie* sind Ihr eigenes Leid, Ihre eigene Unwissenheit. Das Klesha der Unwissenheit *(Timuk)* ist lediglich oberflächliche Verwirrung. Im Unterschied dazu besteht grundlegende Unwissenheit *(Avidya)* in der Weigerung, überhaupt auf das Leid in seiner Gesamtheit Bezug zu nehmen. Sie wollen die Situation in Bausch und Bogen boykottieren.

Leid herbeiführende karmische Muster

Die Entstehung des Leids als Karma ist ganz einfach und eindeutig. Am Anfang steht die Unwissenheit. Daher ist Unwissenheit der Ursprung. Unwissenheit verursacht ihrerseits willentliches Handeln. Ausgehend von willentlichem Handeln kann sich dann die gesamte Kettenreaktion des Karmas entfalten, ein Nidana nach dem anderen. Wir haben also die Vorstellung einer karmischen Kettenreaktion. Und zwar nicht nur die Vorstellung, vielmehr wird das Karma als Tatsache in unsere Welt und in unser Leben hineingeboren.

Psychische Zustände oder Einstellungen verursachen ebenso wie das physische Umfeld karmische Auswirkungen. An der in unserem Alltag vorhandenen karmischen Kraft führt kein Weg vorbei. Falls wir arm sind, ist es unwahrscheinlich, dass wir plötzlich reich werden – obgleich es uns, wenn wir reich sind, leicht passieren kann, dass wir verarmen! Sind wir jung, können wir nicht auf einmal alt sein; und wenn wir alt sind, können wir nicht plötzlich wieder jung werden. In solchen selbstexistierenden Situationen, in denen wir stecken, kommt die Entstehung des Leids zum Ausdruck. Wir stecken in diesen Situationen, und uns bleibt keine Wahl. Nicht nur haben wir keine Wahl, sondern wir müssen mit ihnen umgehen, was uns Schwierigkeiten bereitet. Das ist ein karmisches Problem. Darüber hinaus können wir, je nachdem, wie wir mit uns selbst umgehen, unablässig weitere karmische Schulden machen; oder wir können versuchen, keine weiteren Schulden anzuhäufen. Wie wir damit umgehen, hängt von unserem Seinszustand und von unserem gewöhnlichen Alltag ab. Aufgrund solcher karmischer Muster stecken wir in unserer persönlichen Welt fest, und wir sind, so bemerken wir, darum bemüht, Freude weiter andauern zu lassen und Schmerz zu lindern. Das reicht bis in die banalsten Kleinigkeiten hinein. Fühlen wir uns unwohl, greifen wir womöglich zu einem Lifesaver-Bonbon,[6] stecken den kleinen Rettungsring in den Mund und versuchen, für ein paar Sekunden davon zu zehren, oder wir greifen zu einer Zigarette und zünden sie an, oder vielleicht beschließen wir, uns zu erheben, um die Beine auszustrecken, uns umzudrehen und aus dem Fenster zu gucken. All diese kleinen Gesten bringen zum Ausdruck, dass wir ein Problem haben. Wir aber halten das Problem bloß weiter aufrecht, indem wir uns in noch mehr unnützer Aktivität ergehen. Das heißt indes nicht, dass Sie keine Lifesaver lutschen oder nicht aufstehen und aus dem Fenster sehen sollen – so einfach ist das nicht. Aber wann immer wir auf etwas stoßen, das wir nicht wünschenswert finden, beziehungsweise auf etwas, wovon wir uns nicht angezogen fühlen, versuchen wir mit kleinen Tricks, es zu umgehen. Das ist unser Gewohnheitsmuster.

Wir könnten uns selbst dabei zusehen, wie wir das anstellen. All die Kleinigkeiten, die wir uns dann einfallen lassen, die kleinen Bereiche, in denen wir darauf bedacht sind, für die eigene Unterhaltung zu sorgen – jener ständig ablaufende Prozess ist nicht nur das Produkt des Leids, sondern er produziert auch neues Leid. Er ist die Quelle, die immer wieder aufs Neue Leid hervorbringt, und zugleich ist er dasjenige, womit wir es infolge des Leids unablässig zu tun haben. Aus diesem Blickwinkel betrachtet, wirkt alles außerordentlich hoffnungslos. Besser sollte man sich jedoch solch eine Einstellung der Hoffnungslosigkeit zu eigen machen, als in der ganzen Angelegenheit einen großen Witz zu sehen. Alles als einen großen Witz anzusehen ist kein dem Dharma gemäßer, sondern ein unbuddhistischer Ansatz. Das ist Freistil-Buddhismus. Wir sollten uns darum an die Fakten und Zahlen halten, an das, was wir im Leben durchmachen.

Wir alle sind mit diesem Problem konfrontiert. Das sollten wir uns klar machen, und wir sollten versuchen, es zu verstehen. Später können wir dann auf die Dritte Edle Wahrheit, die Wahrheit des Aufhörens, Bezug nehmen und uns eingehender anschauen, wie sie uns inspirieren kann. Jetzt dagegen sollten wir besser ganz realistisch sein. Das ist von allergrößter Bedeutung.

Nicht verdienstvolles Karma

Beim Kün-djung des Karmas kann man zwischen verdienstvollem und nicht verdienstvollem Karma unterscheiden. Nicht verdienstvolles Karma entsteht aus einem Samen elementarer Aggression. Es beruht nicht auf einer höflichen Form von Aggression, resultiert vielmehr aus Wut und Groll auf einer tiefer liegenden Ebene. Bereits bevor man zu handeln beziehungsweise Leid hervorzurufen beginnt, hat man alle möglichen niederträchtigen Wünsche, schlechte karmische Samen zu pflanzen.

NICHT VERDIENSTVOLLES KARMA IN ZUSAMMENHANG MIT DEM KÖRPER. Nicht verdienstvolles, aus elementarer Aggression hervorgehendes Karma setzt sich aus den zehn sogenannten Fehlhandlungen zusammen, den zehn Verfehlungen, die ihrerseits dreifach unterteilt sind, und zwar in den Bereich des Körpers, der Rede und des Geistes. Die ersten drei Handlungen beziehen sich auf den Körper: *Leben nehmen, Stehlen und sexuelles Fehlverhalten.* Sie sind ein Gemisch aus Leidenschaft und Aggression. Die dritte Handlung, sexuelles Fehlverhalten, hängt mit Leidenschaft zusammen – eventuell auch mit Aggression, je nachdem welche Einstellung man zur Welt hat. In allen drei Fällen unternehmen Sie den Versuch, die äußere Welt in Ihre eigene niederträchtige Welt hineinzubringen. Ausgehend von Ihrer persönlichen Lesart der Dinge versuchen Sie, eine Art Imperium zu errichten. Leben nehmen, Stehlen und sexuelles Fehlverhalten sind durch alle möglichen dahinter stehenden Motive bedingt. Falls Sie mit jemandem nicht zurechtkommen, lehnen Sie die betreffende Person ab und versuchen, sie zu töten oder zu bestehlen. Und falls Sie jemanden akzeptieren, ihn oder sie dem eigenen Territorium zurechnen, versuchen Sie, mit der betreffenden Person Sex zu haben. Eine ausgesprochen direkte Art, mit Situationen umzugehen.

Mitunter stecken wir Tiere in einen Käfig, um sie zu studieren – wie sie fressen, wie sie sich paaren, wie sie Nachkommen zeugen und ihre Jungen großziehen. Eigentlich brauchen wir aber gar keine Tiere in einen Käfig zu stecken. Wir können uns selbst dabei beobachten, wie wir all diese Dinge tun. Wir halten uns bereits in einem samsarischen Käfig auf und geben ein perfektes zoologisches Studienobjekt ab. Das Leben in Samsara ist ausgesprochen roh. Könnten wir es aus einer anderen Warte betrachten, würde es uns sicherlich ganz beschämend vorkommen. Da wir jedoch keine andere Perspektive kennen, wird die ganze Angelegenheit akzeptiert. Leben nehmen, Stehlen, sexuelles Fehlverhalten, all das wird durch gesellschaftliche Normen geregelt. In mancher Form werden solche Handlungen gesetzlich gutgeheißen, weil sie mit den gesellschaftlich akzeptierten Rollenvorstellungen in Einklang stehen. In anderen Fällen werden sie es hingegen nicht, weil sie jenen Vorstellungen zuwiderlaufen. Sie alle aber, ob gesetzeskonform oder nicht, hängen

DIE ZWEITE EDLE WAHRHEIT

mit dem Muster des Zurückweisens und Akzeptierens zusammen. Darauf läuft es letztlich hinaus.

NICHT VERDIENSTVOLLES KARMA IN ZUSAMMENHANG MIT DER REDE. Die nächsten vier der zehn verhängnisvollen Handlungen stehen mit der Rede in Zusammenhang. *Lügen* ist Nummer vier. Sie wollen Ihre Interessen vertreten, daher versuchen Sie zu täuschen. Lügen geht mit einem Gemisch aus Leidenschaft und Aggression einher. Sie versuchen, jemanden zurückzuweisen; zugleich wollen Sie ihn dennoch in die eigene Welt mit einbeziehen. Mit Lügen ist in dem Zusammenhang gemeint, ausgeklügelte, einleuchtende Lügen so darzustellen, dass sie dem eigenen Wohlstand und der eigenen Sicherheit förderlich sind.

Nummer fünf ist *Intrige.* Ihr liegt das Bestreben zugrunde, Zwietracht zu säen. Wenn Sie merken, dass die Welt sich allzu sehr einig ist und sich eine einheitliche Front gegen Sie formiert hat, versuchen Sie, diese Front durch Intrige aufzubrechen. Jemanden machen Sie sich zum Freund und jemand anderen zu Ihrem Feind. Sie versuchen, den Sieg davonzutragen, indem Sie manche Leute auf Ihre Seite ziehen, andere hingegen zurückweisen.

Handlung Nummer sechs besteht in *negativen Worten.* Sie haben das Gefühl, enorme Weisheiten zum Besten geben zu können, indem Sie sich über jemanden oder über ein bestimmtes Thema kritisch äußern. Sie lassen scharfe Bemerkungen fallen. Wenn Sie solche schroffen Worte laut und deutlich aussprechen, so Ihre Hoffnung, werden diese wie eine Waffe wirken oder wie eine Bombe einschlagen, die Sie mitten in die Gesellschaft, mitten unter Ihre Freunde oder mitten unter Ihre Feinde werfen können. Ihre Worte, so hoffen Sie, werden Ihnen Macht über andere verschaffen. Und indem Sie diese scharfen, destruktiven Äußerungen vorbringen, hoffen Sie, dass Sie die Gesellschaft, alle möglichen Konzepte, Vorstellungen, Gefühle und Theorien zunichte machen können.

Nummer sieben ist *Klatsch;* oder *unnützes Gerede,* so könnten wir hier auch sagen. All jenes Gerede, das zu einem sinnvollen Gespräch nichts beiträgt. Klatsch betreiben Sie, um andere zu manipulieren, um diejenigen zu vernichten, die große Anstrengung und Disziplin entwickelt haben. Deren Disziplin möchten Sie untergraben und sie auf Ihre Stufe herunterholen, indem Sie über dies und das und übers Wetter sprechen und darüber, was Sie von den Vorstellungen der Betreffenden halten. Solch ein Geplapper übt, weil es so wirkungsvoll ist, auf andere einen außerordentlich negativen Einfluss aus. Es bringt die Dinge nicht auf den Punkt, verleitet andere lediglich zu weiteren Schlussfolgerungen, zu diskursivem Denken. Es verleitet zu noch mehr Geplapper. Viele Leute sind darin, wie wir alle wissen, regelrechte Experten.

Nicht verdienstvolles Karma in Zusammenhang mit dem Geist.

Die letzten drei der zehn verhängnisvollen Handlungen beziehen sich auf den Geist. Nummer acht ist *Neid*. Er steht mit Wunschdenken und einer Armutsmentalität in Zusammenhang. Sie haben ein außerordentlich starkes Verlangen, nach dem zu greifen, was Sie nicht haben, fühlen sich jedoch nicht wirklich in der Lage, es zu tun. Sie beneiden andere Menschen um deren Situation. Im Grunde fühlen Sie sich ihnen unterlegen, haben das Gefühl, über weniger Weisheit zu verfügen, über weniger Geistesklarheit, über weniger hilfreiche Mittel, über weniger innere Sammlung, über weniger was auch immer. Wenn Sie sich jemanden anschauen, der ein wenig mehr hat als Sie, gieren Sie danach, Sie fühlen sich total verletzt. Hat jemand eine gute Idee oder gar eine große Vision, dann fühlen Sie sich miserabel. Darum lassen Sie sich alle möglichen Argumente und Gegengründe einfallen, um zu beweisen, dass die Betreffenden Unrecht haben. Ihrem Bestreben, die Oberhand zu behalten, lassen Sie freien Lauf, indem Sie versuchen, entweder die Betreffenden herunterzumachen oder ihr Konzept beziehungsweise ihre Theorie herabzusetzen. Wenn Sie beispielsweise davon hören, man könne die Vision der großen östlichen Sonne haben – eine Vision von unzerstörbarer Wachheit und Furchtlosigkeit –, flippen Sie regelrecht aus, werden eifersüchtig und missgünstig. Da Sie sich so ungehobelt und primitiv fühlen, fürchten Sie, Sie könnten von dieser Vision ausgeschlossen bleiben. Darum halten Sie sich an Ihre spezielle Logik, an das kunterbunte Durcheinander Ihrer Konfusion, an Ihre Armutsmentalität.

Ausdrücklich *hoffen, dass Sie jemandem Leid oder Schaden zufügen*, oder *negative Gefühle gegen jemanden hegen* ist Nummer neun. Sie begegnen jemandem mit einem unguten Gefühl, und Sie haben den Wunsch, der betreffenden Person möge etwas misslingen. Aufgrund des enormen Einflusses, den der Theismus ausübt, insbesondere die christliche Morallehre, werden Sie vielleicht sagen, niemals würden Sie Schlechtes von jemandem denken, geschweige denn den Wunsch haben, jemand möge zu Schaden kommen. Ja, nicht einmal Feinde hätten Sie. Andere Menschen könnten Sie in dieser Hinsicht ziemlich leicht täuschen. Wenn Sie ganz genau hinschauen, werden Sie nach und nach jedoch herausfinden, dass in Ihnen selbst durchaus eine gewisse Böswilligkeit vorhanden ist. Und sei es auch nur ein leichter Hauch. Aber Aggression, Groll oder Hass gegen jemanden haben Sie in sich.

Nicht an die Wahrheit zu glauben oder *nicht an das Heilige zu glauben* ist die letzte der zehn Fehlhandlungen. Ehrerbietung zu erweisen, dazu sind Sie nicht bereit. Und so steht Ihnen vielleicht der Sinn danach, sich auf den Schrein zu setzen, sakrale Gegenstände in den Schmutz zu ziehen oder den Fuß auf die Sutras, die Worte des Dharma, zu setzen.

Doch es geht noch darüber hinaus: Alles, was Ihrem Leben neue Bedeutung geben könnte – einen Sinn für Heiligkeit, für Reichhaltigkeit oder für das Sakrale –, erregt bei Ihnen allergrößten Widerwillen, totalen Widerwillen. Meditationspraxis ist in Ihren Augen bloß eine Möglichkeit rumzuhängen und Rezitation lediglich Geplapper. Ja, alles, was Sie bewusst tun, was mit Achtsamkeit einhergeht, betrachten Sie als Last. Das läuft auf extreme Gleichgültigkeit hinaus. Ihr Umgang mit sich selbst zeugt weder von Würde noch von Zuversicht. Zu überleben – ein Dach überm Kopf und etwas zu essen zu haben – ist das Einzige, was für Sie zählt. An fundamentale Würde glauben Sie einfach nicht. Lieber glauben Sie an die Erbärmlichkeit der Welt als an die Heiligkeit der Welt.

Verdienstvolles Karma

Als Nächstes haben wir die zehn verdienstvollen karmischen Handlungen. Diese sind zwar verdienstvoll, dennoch sollten Sie jede von ihnen als eine Handlung betrachten, die zusätzliches Leid, weiteres Karma hervorbringt. Ob Sie nun ganz vortrefflich oder in entwürdigter Weise handeln, in jedem Fall produzieren Sie Schmerz und Leid. Das setzt sich so lange weiter fort, bis Sie sich über die Alternative klar werden und sich entscheiden, die Sache ganz anders anzupacken.

Die zehn verdienstvollen Handlungen sind einfach das Gegenstück zu den zehn Fehlhandlungen. Statt Leben zu nehmen, entwickeln Sie beispielsweise *Achtung vor dem Leben*. Statt zu stehlen, üben Sie sich in *Großzügigkeit*. In Ihrem sexuellen Verhalten praktizieren Sie eine *heilsame Sexualität* und Freundschaft. Statt zu lügen, üben Sie sich in *Ehrlichkeit* und entwickeln eine gesunde Redeweise. Statt Ränke zu schmieden, üben Sie sich in *geradliniger Aufrichtigkeit*. Anstatt sich schroffer Worte zu bedienen, üben Sie sich in *Güte* und *Weisheit*. Statt die Zeit mit unnützem Geschwätz, mit Klatsch und Tratsch zu vertun, entwickeln Sie *Einfachheit*: Sie sprechen ganz einfache Worte, und was Sie sagen, ist bedeutsam. Statt sich in Wunschdenken zu ergehen und gierig zu sein, legen Sie *Offenheit* an den Tag. Statt in destruktiven Gedanken und negativen Gefühlen üben Sie sich in *Sanftmut*. Statt nicht an das Heilige zu glauben, fassen Sie den Vorsatz, *Heiligkeit* zu begreifen.

Ein Gefühl von Unsicherheit, Selbsttäuschung oder Unwissenheit setzt das Räderwerk von Lust beziehungsweise Leidenschaft und von Aggression in Gang, woraus sich dann karmische Auswirkungen ergeben.[7] Diese Auswirkungen werden in sechs Gruppen unterteilt, die jeweils für eine von sechs Möglichkeiten stehen, unsere Welt schlecht zu organisieren: 1.) die Kraft des willentlichen Handelns, 2.) Erfahrungen machen, die Sie selbst gesät haben, 3.) makellose karmische Auswirkungen, 4.) die Änderung des karmischen Stroms, oder Ablaufs, durch energisches Handeln, 5.) gemeinschaftlich erfahrene karmische Situationen und 6.) die Wechselwirkung von Absicht und Handlung. Da unsere Welt aus Leidenschaft, Aggression und Unwissenheit hervorgeht, ist total absehbar, dass für uns das dabei herauskommt, was wir hineingegeben haben. Stets laufen die Dinge so. Das ist sehr beständig, ganz und gar absehbar.

1. Die Kraft des willentlichen Handelns

Bei der erstgenannten karmischen Auswirkung, der Kraft des willentlichen Handelns, gibt es vier Unterkategorien.

GUTER ANFANG, SCHLECHTES ENDE. Die erste Unterkategorie ist guter Anfang, schlechtes Ende. Die generelle karmische Situation, in die Sie hineingelangen, mag zwar vorzüglich sein, dennoch kommt ein schlechtes Resultat zustande. Sie werden, das ist die traditionelle Analogie dafür, als ein mit Intelligenz und Wachheit, oder einem Wachheitspotenzial, ausgestatteter Mensch geboren: allerdings werden Sie in ungünstige Umstände hineingeboren. Zum Beispiel könnten Sie so arm sein, dass Ihnen, obgleich Sie über große Intelligenz verfügen, nicht die Freiheit bleibt, zu praktizieren und zu studieren, weil Sie sich im Leben durchboxen müssen. Arm zu sein wird nicht als etwas Verachtenswertes angesehen, es legt Ihnen jedoch unverhältnismäßig große Hindernisse in den Weg und konfrontiert Sie mit allen möglichen zusätzlichen Anforderungen, Mühen und schmerzlichen Erfahrungen – und sofern Sie nicht sehr einfallsreich sind, bleiben Sie in Ihrer Armut stecken.

SCHLECHTER ANFANG, GUTES ENDE. In dieser zweiten Kategorie mögen Ihre karmischen Ausgangsbedingungen zwar schlecht sein, dennoch geht es für Sie gut aus. Eine gängige Analogie dafür: Man wird in eine reiche Naga-Familie hineingeboren (Nagas sind schlangenähnliche Gottheiten), was wir heutzutage damit vergleichen könnten, dass man als Spross einer Mafia-Familie zur Welt kommt. In eine Mafia-Familie hineingeboren zu werden ist eine ungünstige karmische Situation. Doch obgleich Ihr Leben letztlich vielleicht Zerstörung mit sich bringen wird, verfügen Sie in solch einer Familie über Reichtum, über gute Voraussetzungen, schwierige Probleme anzugehen, und über die Möglichkeit, allerlei Gutes tun zu können. Diese Unterkategorie beinhaltet also genau das Gegenteil der vorherigen.

Schlechter Anfang, schlechtes Ende. In der dritten Unterkategorie ist beides negativ: Ihr willentliches Handeln ebenso wie das, was daraus für Sie hervorgeht – als würde man nicht nur in scheußliche Bedingungen hineingeboren, sondern auch genötigt, in solch einer widrigen Situation zu verharren.

Guter Anfang, gutes Ende. In der vierten Kategorie ist Ihr willentliches Handeln gut und das Resultat ebenfalls, vergleichbar einer Geburt als *Chakravartin*, als „Weltenherrscher". Sie haben die Gelegenheit, alle möglichen Dinge zu tun, da die Situation sehr günstig für Sie ist.

2. Erfahrungen machen, die Sie selbst gesät haben

Die zweite Art von karmischer Auswirkung, die Frucht dessen ernten, was Sie in Ihrer karmischen Situation selbst ausgesät haben, wird in drei Unterkategorien unterteilt. Die karmischen Auswirkungen *sogleich* erleben ist die erste Kategorie. Lassen Sie sich aus Wut, Leidenschaft und Unwissenheit auf ein aggressives Handeln ein, erhalten Sie ganz von allein umgehend die Resultate. Zum Beispiel haben Sie eine gewaltsame Auseinandersetzung mit jemandem, fahren danach weg und sind schließlich in einen Autounfall verwickelt. Das ist ganz unmittelbar.

In der zweiten Unterkategorie erlebt man die Auswirkungen *später*. Diese erreichen Sie nicht vor Ihrer nächsten Geburt. In der dritten Unterkategorie werden karmische Auswirkungen, die *aus einem früheren Leben zur Reife gelangen,* für Sie erfahrbar. Beispielsweise werden Sie in eine günstige Situation hineingeboren, jemand anderes kommt jedoch daher und macht das für Sie zunichte. Ungefähr so, könnte man sagen, wie bei jemandem, der in Tibet geboren, dann aber durch die Kommunisten von dort vertrieben wird und schließlich in den USA an einer Tankstelle arbeitet.

3. Makellose karmische Auswirkungen

Bei der dritten größeren Gruppe von karmischen Auswirkungen, den makellosen karmischen Konsequenzen, geht es um karmisch gute Situationen, die sich unablässig in vorteilhafter Weise weiterentwickeln. Hier gibt es drei Unterkategorien. Deren erste ist: *den drei Juwelen* – Buddha, Dharma und Sangha – *nacheifern*. Das hat für Sie stets positive Auswirkungen, auf ganz natürliche Weise, ununterbrochen.

Den vorzüglichen Qualitäten eines anderen Menschen nacheifern und sie wertschätzen ist die zweite Unterkategorie. Das führt ebenfalls zu guten karmischen Resultaten und einer ausgesprochen begünstigten Situation. Inspiriert durch die Wachheit eines anderen Menschen, werden Sie ebenfalls wach. Dazu kommt es aufgrund dieses Einflusses.

Den Dharma praktizieren ist die dritte Unterkategorie. Mag Ihr Geist auch abschweifen, praktizieren Sie dennoch den Dharma. So haben Sie karmisch eine gute Situation, obwohl Ihr Geist abschweift.[8]

4. Änderung des karmischen Ablaufs durch energisches Handeln

Obgleich Sie derzeit in einer karmisch sehr schlechten Situation gelandet sind, können Sie, das ist die vierte karmische Auswirkung, durch eine gewaltige, ziemlich plötzliche und energische Bemühung den karmischen Ablauf verändern. Möglicherweise geraten Sie irgendwann in eine zutiefst deprimierte Verfassung. Aber Sie können in Ihrem Leben einen Sprung vollziehen und diese Verfassung überwinden. Sie können Ihren persönlichen Lebensstil dahingehend verändern, dass die Dinge anders laufen. Vielleicht sind Sie gewöhnlich sehr faul und schlampig, doch die Sitzpraxis könnte zu einem strafferen Lebensstil führen, sodass aus Ihnen auf einmal ein ordentlicher, ein energischer Mensch wird, von dem auf andere eine erhebende, eine inspirierende Wirkung ausgeht.

Jedes Mal, wenn Sie handeln, überlegen Sie ein wenig hin und her. Es gibt da ein kurzes Zögern, und von diesem Zögern, dieser Lücke aus können Sie sich vor oder zurück bewegen. Genau in dieser Lücke kommt es zu einer Änderung des karmischen Stroms. Die Lücke ist also überaus nützlich. In der Lücke bringen Sie neues Leben zur Welt.

5. Gemeinschaftlich erfahrene karmische Situationen

Die fünfte karmische Auswirkung, gemeinschaftlich erfahrene karmische Situationen, gliedert sich in zwei Unterkategorien: nationales und individuelles Karma.

NATIONALES KARMA. Die erste Unterkategorie ist nationales Karma. Zum Beispiel werden Sie vielleicht in einem sonderbaren Land geboren, in dem man es stets mit von frühmorgens bis spätabends geöffneten Filialgeschäften, mit Pizza zum Mitnehmen und mit schlecht verarbeiteten Autos zu tun hat. Sie landen in einem bestimmten Umfeld, in einer bestimmten Welt, können das aber nicht vollständig sich selbst zuschreiben. Das gesamte Land weist diese Beschaffenheit auf.

INDIVIDUELLES KARMA INNERHALB DES NATIONALEN KARMAS. Die zweite Unterkategorie ist individuelles Karma innerhalb des nationalen Karmas. Existiert zum Beispiel in Ihrem Stadtviertel kein gutes Kanalisationsnetz, handelt es sich dabei in gewisser Weise hauptsächlich um Ihr persönliches Karma, weil die Rohrleitungen andauernd kaputt gehen, was Sie sehr viel Geld und Mühe kostet. Oder Sie bekommen es, um ein weiteres Beispiel zu nennen, mit einem schlechten Lehrer zu tun, der sehr mürrisch wirkt, weil er in diesem Schulsystem ein so dürftiges Gehalt bezieht. Einerseits tragen Sie für eine derartige Situation nicht die Verantwortung, andererseits sind Sie in solch einer Schule gelandet. Durch Ihr TV-Network haben Sie Zugang zu einer Reihe von Fernsehprogrammen, allerdings über Ihr persönliches Fernsehgerät, das Sie entsprechend einstellen müssen, und Sie entscheiden sich für einen bestimmten Sender. Es ist ganz einfach. Das auf Ihr Umfeld bezogene und das individuelle Karma ergänzen einander; sie halten sich wechselseitig in Gang.

6. Die Wechselwirkung von Absicht und Handlung

Die sechste und abschließende karmische Auswirkung ist die Wechselwirkung von Absicht und Handlung. Sie wird in vier Unterkategorien untergliedert.

MAKELLOSE ABSICHT, MAKELLOSE HANDLUNG. Die erste Unterkategorie bezeichnet man als völlig makellos. Ihrem spirituellen Lehrer mit Respekt und Hingabe zu begegnen ist ein Beispiel für völlig makelloses Karma. Da diese ganze Herangehensweise mit Gesundheit zu tun hat und nicht mit revolutionärem Denken, Böswilligkeit und Groll, erwächst daraus viel Gutes. Auf diese Weise entsteht auf Dauer Makellosigkeit.

SCHÄDLICHE ABSICHT, SCHÄDLICHE HANDLUNG. Die nächste Unterkategorie ist voll und ganz schädlich. Wie wenn man einem anderen Menschen das Leben nähme, ohne dass es eine spezielle Entschuldigung oder eine spezielle Motivation dafür gibt. Sie haben jemanden ermordet oder etwas zerstört. Das ist total schädlich.

MAKELLOSE ABSICHT, SCHÄDLICHE HANDLUNG. In der dritten und der vierten Unterkategorie mischen sich makellos und schädlich. Die dritte Unterkategorie ist im Grunde positiv: In der guten Absicht, das Ganze zu schützen, vollführen Sie eine schädliche Handlung. Motiviert von der Absicht, Hunderte Menschenleben zu retten, töten Sie beispielsweise eine einzelne Person. Karmisch scheint das eine gute Situation zu sein. Falls jemand im Begriff steht, den Knopf zu drücken, der die Explosion einer Atombombe herbeiführt, schießen Sie den Betreffenden nieder. Die Intention ist hier makellos, die Handlung selbst, obgleich sie einen positiven Effekt hat, hingegen schädlich.

SCHÄDLICHE ABSICHT, MAKELLOSE HANDLUNG. In der vierten Unterkategorie ist die Intention schädlich und die Handlung makellos. So als seien Sie sehr großzügig zu Ihrem Feind, während Sie versuchen, ihn zu vergiften. Das ist ein Gemisch aus schädlich und makellos.

Sind die Menschen auch nicht durchweg hundertprozentig gesund, verdienen sie um ihres partiellen Gutseins willen dennoch unsere Achtung. Das ist das Gleiche, wie wenn wir sagen, dass wir kein perfektes Wetter erwarten können. Vielmehr können wir mit dem gelegentlichen Sonnenschein der Gutheit rechnen, ungeachtet des Schnees. Mit allen sechs Arten von karmischen Auswirkungen bekommen Sie es unter anderem deshalb zu tun, weil Sie sich im falschen Umfeld befinden, anderenteils geschieht dies aufgrund der eigenen Neurose. Solche karmischen Auswirkungen zu vermeiden sind wir zwar bestrebt. Sobald die beiden genannten Bedingungen zusammentreffen, kommt man jedoch nur sehr schwer dagegen an. Lediglich *eine* Möglichkeit bleibt einem hier: die persönliche Inspiration wachzurufen, die man für eine Veränderung seines nationalen und seines inneren Karmas benötigt.

Fasst man es kurz zusammen, gliedert die Entstehung des Leids sich in zwei Hauptbestandteile – das Kün-djung der Kleshas und das Kün-djung des Karmas. Das scheint ganz einfach zu sein: Das Kün-djung der Kleshas besteht aus sechs Wurzel-Kleshas, gefolgt von den 20 untergeordneten Kleshas. Das Kün-djung des Karmas umfasst nicht verdienstvolles Karma und verdienstvolles Karma (unterteilt in die drei Bereiche Körper, Rede und Geist), ferner die karmischen Auswirkungen.

Um die Wurzel von Samsara zu durchtrennen, verfolgt man im Hinayana die Strategie, komplett vom Netz zu gehen, alle Anschlüsse, oder Verbindungen, zu trennen. Wir könnten tatsächlich den Stecker des samsarischen Kühlschranks aus der Steckdose ziehen. Fürs Abtauen würde er wohl ein paar Stunden benötigen. Nichtsdestoweniger wird, solange wir beim betreffenden Kühlschrank den Stecker gezogen haben, dieser Kühlschrank abtauen. Daher sollten wir nicht meinen, dass wir in solch karmischen Situationen feststecken. Wir sollten spüren, dass wir stets über die Möglichkeit verfügen, den Strom des Karmas zu unterbrechen. Erstens gilt es, mit unserer Unwissenheit zu brechen, und zweitens müssen wir auch bei unserer Leidenschaft für eine Unterbrechung sorgen. Indem wir bei beidem, bei unserer Unwissenheit wie auch bei unserer Leidenschaft, für eine Unterbrechung sorgen, spielt sich bei uns, was die samsarische Welt anbelangt, nichts mehr ab. Den Kühlschrankstecker haben wir bereits aus der Steckdose gezogen.

DIE DRITTE EDLE WAHRHEIT

Die Wahrheit des Aufhörens

Das Ziel sollte erreicht werden

SECHSTES KAPITEL
Erwachen und erblühen

Einen Augenblick lang Nirvana zu erfahren, vom Aufhören einen ersten Eindruck zu gewinnen, das ist möglich. Der Buddha hat es in seiner ersten Lehrrede in Sarnath dargelegt, als er die Lehre von den Vier Edlen Wahrheiten viermal aussprach. Das Leid solle erkannt werden, hat der Buddha gesagt; der Ursprung des Leids solle aufgegeben werden; man solle sich darüber klar sein, dass das Leid aufhören kann; und der Weg solle als diejenige Wahrheit aufgefasst werden, welche die Lösung bringt.

D IE DRITTE EDLE WAHRHEIT ist die Wahrheit des Aufhörens. Die Wahrheit des Aufhörens *(Gokpa)* nimmt Bezug auf die Vorstellung von *Tharpa,* von „Befreiung". Wenn wir über die Möglichkeit des Aufhörens sprechen, sollten wir uns nicht länger mit solchen fiktiven Geschichten abgeben, denen zufolge es etwas Tolles ist, das Aufhören zu erreichen und endlich jemand zu werden. Derartige Vorstellungen können ein Hindernis darstellen. Soweit es um das Aufhören geht, fragt es sich, ob wir von unserer Vorstellungskraft Gebrauch machen müssen oder ob wir wirklich ein Gefühl von Erleichterung oder Freiheit erleben können. In Bezug auf das Aufhören spielt die Vorstellungskraft tatsächlich keine besonders wichtige Rolle. Sie trägt ganz und gar nichts dazu bei, dass wir Resultate erzielen.

Die Erfahrung des Aufhörens ist etwas ganz Persönliches, etwas ganz Reales, genau wie die Meditationspraxis. Im Allgemeinen machen wir bloß vereinzelt winzige Erfahrungen von Freiheit beziehungsweise von Befreiung. Gewinnen wir dann von der Freiheit jedoch hier und da einen flüchtigen Eindruck, so versuchen wir gleich, sie festzuhalten. Und deshalb verlieren wir sie.

Solche kurzen Einblicke kann man allerdings ausweiten. Beim ersten Erwachen aus dem Tiefschlaf könnte die betreffende Person zum Beispiel die Sterne am Mitternachtshimmel erblicken. Wartet sie allerdings lange genug, ohne sich wieder schlafen zu legen, wird sie nicht nur Sterne zu sehen bekommen, sondern auch die Morgendämmerung, anschließend den Sonnenaufgang, und zuletzt wird sie mit ansehen, wie die ganze Landschaft in strahlend helles, vom Himmel kommendes Licht getaucht ist. Allmählich wird die oder der Betreffende die eigenen Hände erkennen können, die Handflächen, die Zehen, ferner wird sie ihre Tische, ihre Stühle und die sie umgebende Welt zu sehen bekommen. Und falls sie so weit denkt, in den Spiegel zu schauen, wird sie auch sich selbst erblicken.

Die Wahrheit des Aufhörens ist eine persönliche Entdeckung, ihr haftet nichts Mystisches an, sie hat keinen religiösen oder psychologischen Beiklang, vielmehr ist sie einfach Ihre Erfahrung. Wenn Sie sich siedend heißes Wasser über die Hand schütten, ist das eine persönliche Erfahrung: Sie tun sich weh. Übrigens handelt es sich auch, wenn Sie einen Orgasmus haben, um Ihre persönliche Erfahrung: Niemand anderes macht diese Erfahrung. In gleicher Weise ist das Aufhören nicht einfach nur eine theoretische Entdeckung, sondern eine ganz reale Erfahrung für Sie – ein plötzlicher Gewinn. Als würden Sie sich auf einmal guter Gesundheit erfreuen: Sie sind nicht erkältet, haben keinen Schnupfen, nirgendwo im Körper tut Ihnen etwas weh. Sie haben nicht das kleinste Wehwehchen, fühlen sich vielmehr vollkommen wohl, taufrisch und hellwach! Solch eine Erfahrung ist möglich. Da jemand anderes in der Vergangenheit bereits diese Erfahrung gemacht hat, werden auch Sie früher oder später diese Erfahrung machen – wenngleich es eine Garantie dafür selbstverständlich nicht gibt.

Der Buddha ist derjenige, der das Aufhören des Leids bereits erfahren hat. Das Sanskrit-Wort *Buddha* lautet in der tibetischen Übersetzung *Sang-gye*. *Sang* bedeutet „wach", und *gye* bedeutet „Ausweitung" oder „Erblühen". Das Wort *Sang* bezieht sich auf das Erwachen aus dem Schlaf des Schmerzes. In dem Schmerz, dem Leid und der Unbewusstheit gleicht *gye* einer erblühenden Blume.

Da Sie wach sind, sammeln Sie sehr viel Wissen an. Von demjenigen, was man wissen kann, haben Sie durch Gewahrsein und Achtsamkeit Kenntnis erlangt.

Von den Vier Edlen Wahrheiten her betrachtet, versuchen wir Sang-gye zu werden. Wir versuchen zu erblühen. Wir versuchen, wach zu sein. Genau das machen wir. Womöglich erhalten wir einen ersten flüchtigen Eindruck davon, dass Sang-gye unaufhörlich stattfindet. Zwar denken wir vielleicht, wir würden uns selbst an der Nase herumführen – und manchmal *führen* wir uns selbst an der Nase herum –, doch dieses Element ist stets gegenwärtig. Der Dritten Edlen Wahrheit zufolge ist das Aufhören möglich. Auf dem Weg der Vier Edlen Wahrheiten versuchen wir, ein Buddha zu werden, ein wirklicher Buddha, ein wirklicher Sang-gye.

Dasjenige Hindernis, das uns in erster Linie davon abhält, Buddha zu werden, ist Samsara. Das tibetische Wort für Samsara lautet *Khorwa: Khor* bedeutet „sich drehend" oder „im Umlauf befindlich". *Khorwa* bedeutet daher „sich drehen" beziehungsweise „diejenigen, die sich im Kreis drehen". Khorwa oder Samsara wird mit dem Ozean verglichen, weil der Ozean unablässig um die Erde zirkuliert: Er hebt sich und senkt sich dann wieder, hebt sich erneut, und so weiter. Gleichermaßen ist Samsara endlose Zirkulation. Drei Kategorien sind für den samsarischen Ozean grundlegend: der Samen, die Ursache und das Resultat.

Die drei Kategorien von Samsara

1. Der Samen für Samsara: Verwirrung

Der Samen für Samsara ist genau das Gegenstück zu Buddha, zum Erwachen aus dem Leid: Unwissenheit, Stumpfsinnigkeit, elementare Verwirrung. Verwirrung ist ein psychischer Zustand, den wir alle erleben. Der Traumzustand und der Schlafzustand gehören mit dazu. Verwirrung hat zur Folge, dass wir unablässig umhertreiben, ohne zu wissen, was da eigentlich genau geschieht. Sie ist das Gegenteil von Gewahrsein. Nicht sehen, nicht wissen, nicht erfahren, was geschieht, ständig umher treiben – das ist der Samen für Samsara.

2. Die Ursache für Samsara: Fixierung

Die zweite samsarische Kategorie ist die Ursache. Diese besteht im Festhalten an vagen Vorstellungen. Das bezeichnen wir als Fixierung beziehungsweise, auf Tibetisch, als *Dzinpa*. *Dzin* heißt „halten"; *Dzinpa* bedeutet also „Fixierung" oder „Festhalten". Da wir keine klare Wahrnehmung haben, müssen wir uns an Unbestimmtheit und Ungewissheit klammern. Damit verhalten wir uns wie ein Pingpongball, der über keinerlei Intelligenz verfügt, sondern sich lediglich in die vom Schläger jeweils vorgegebene Richtung bewegt. Unsere Fixierung bringt es mit sich, dass wir wie ein Pingpongball hin und her geschleudert werden.

Wenn wir uns verunsichert fühlen oder keine Anerkennung finden, würden wir uns gern äußern – wir würden uns gern vorwagen –, aber schon werden wir wieder hin und her geschleudert. Manchmal haben wir das Gefühl, eine derart große Verantwortung zu tragen, dass wir uns zurückziehen möchten und am liebsten von der Bildfläche verschwinden würden. Aber erneut werden wir zu einem Pingpongball. Wir können alles nur Erdenkliche versuchen – nie sind unsere Handlungen völlig stimmig, denn aufgrund dieses neurotischen Spiels geraten wir weiterhin in die Pingpongbewegung. Zwar mag es so aussehen, als richteten die Spieler sich nach dem Pingpongball, zwar mag es verblüffen, dass dem Anschein nach solch ein kleiner Ball ausschlaggebend dafür sein soll, wie die Spieler handeln, und er sogar auf Zuschauer, die mit ansehen, wie er hin und her springt, eine Anziehung ausüben kann. Tatsächlich trifft das jedoch so nicht zu. Der Pingpongball ist lediglich ein Ball. Er verfügt über keinerlei Intelligenz. Die ganzen Abläufe beruhen nur auf Reflexen.

3. Die Wirkung von Samsara: Leid

Schließlich kommen wir zur Wirkung. Der Samen für Samsara ist Verwirrung, die Ursache für Samsara Fixierung, und die Wirkung ist Leid. Da Sie unablässig hin und her geschleudert wurden, leiden Sie inzwischen unter einem Schwindelgefühl. Ihnen ist, als Pingpongball, ganz schwindelig zumute, und der gesamte Körper tut Ihnen weh, weil Sie derart oft hin und her geschleudert worden sind. Sie verspüren enormen Schmerz. Das ist die Definition von Samsara.

Der Dritten Edlen Wahrheit zufolge vermeiden wir Samsara beziehungsweise bewirken wir, dass es aufhört, indem wir uns Sanggye-gemäß verhalten, uns wie ein Buddha verhalten. Uns wenigstens ein kleines Stück weit mit der Erfahrung eines Buddha zu identifizieren gelingt uns offenbar nur durch die Gewahrseinserfahrung und durch die Achtsamkeitspraxis. So lautet hier die Botschaft. An dem Punkt wird Aufhören nicht als reines Aufhören oder als die vollständige Lösung aufgefasst. Aufhören ist möglich, das ist die Botschaft. Es ist möglich, zu einem Verständnis zu gelangen. Es ist möglich, den mythischen, den fiktionalen Aspekt des Aufhörens aufzuheben und von der Realität des Aufhörens einen ersten Eindruck zu gewinnen, mag es auch nur ein ganz kurzer, kleiner, erster Eindruck sein.

Sich wirklich darüber klar zu werden, dass Sie in solch einem samsarischen Durcheinander leben, darin besteht der erste Schritt. Viele Menschen haben das zwar schon seit Jahren gehört, dennoch *begreifen* sie tatsächlich nicht, dass mit ihnen Pingpong gespielt wird. Genau aus dem Grund befinden Sie sich in Samsara – weil Sie wissen, was Sie tun, dessen ungeachtet jedoch damit fortfahren. Aber selbst im Dasein eines Pingpongballs gibt es Lücken, in denen man *kein* solcher ist. Es sind Lücken vorhanden, in denen man etwas anderes erlebt. Tatsächlich findet, während man als Pingpongball hin und her fliegt, die ganze Zeit noch etwas anderes statt: die Erfahrung des Gewahrseins. Allmählich wird Ihnen klar, was Sie sind, wer Sie sind und was Sie tun. Diese Einsicht könnte indes zu spirituellem Materialismus führen, einer weiteren Form von Fixierung. In dem Fall werden Sie nämlich zu einem Pingpongball der Spiritualität. Ist allerdings, so wird Ihnen zugleich klar, keine Geschwindigkeit vorhanden, gibt es keine Fixierung. Über spirituellen Materialismus können Sie daher hinausgelangen.

Einen ersten Eindruck von Aufhören erlebt die oder der Betreffende als eine Art Appetithäppchen. Sofern das Appetithäppchen gut mundet, haben Sie in etwa bereits eine Vorstellung, wie der Hauptgang sein wird. Das Aufhören zu *erleben*, anstatt lediglich eine Theorie darüber zu haben oder davon zu träumen, ist der alles entscheidende Punkt. Eine zu eingehende Beschreibung des Resultats, davor haben einige Meditationsmeister der Überlieferungslinie gewarnt, wird zu einem Hindernis für den Weg. Unterweisungen sollten hier lediglich auf derjenigen Ebene, auf der sie sich in die Praxis umsetzen lassen, und auf der Ebene unmittelbarer persönlicher Erfahrung aufbauen. An solch eine Empfehlung halten wir uns also. Solange die Herangehensweise an die Praxis frei ist von Samsara, ist es allerdings nicht weiter problematisch, in die Einzelheiten gehende Beschreibungen des Weges zu hören. Ausgehend von dem Prozess des Rückkehrens zu Achtsamkeit und Gewahrsein könnten wir ein sehr detailliertes und genaues Verständnis entwickeln, wie der Weg beschaffen ist.

Samsara steht Nirvana gegenüber, Frieden. In diesem Moment haben wir freilich nichts weiter als Samsara und kleine lichte Punkte, die inmitten der Finsternis auftauchen. Unsere erste Alternative zu Samsara ist jene Gewahrseins- oder Achtsamkeitspraxis, die uns hilft, die Reise durch die Vier Edlen Wahrheiten zurückzulegen. Das scheint die einzige Möglichkeit zu sein. Wir müssen darauf zurückkommen, buddhagleich zu werden. Die Dritte Edle Wahrheit ist ganz einfach: Nirvana ist möglich. Bevor Sie vollständiges Aufhören erreichen können, muss zunächst einmal die Botschaft bei Ihnen ankommen, dass es *möglich* ist, vollständiges Aufhören zu erreichen. Diese Botschaft gleicht einem Stern, den Sie in einer Vollmondnacht mitten am Himmel erblicken. Anschließend werden Sie dann vom zunehmenden Mond, vom Vollmond und danach von der Morgenröte inspiriert – und zu guter Letzt finden Sie die ganze Angelegenheit rundum inspirierend.

Einen Augenblick lang Nirvana zu erfahren, vom Aufhören einen ersten Eindruck zu gewinnen, das ist möglich. Der Buddha hat es in seiner ersten Lehrrede in Sarnath dargelegt, als er die Lehre von den Vier Edlen Wahrheiten viermal aussprach. Das Leid solle erkannt werden, hat der Buddha gesagt; der Ursprung des Leids solle aufgegeben werden; man solle sich darüber klar sein, dass das Leid aufhören kann; und der Weg solle als diejenige Wahrheit aufgefasst werden, welche die Lösung bringt. So heißt es fast wortwörtlich.

SIEBTES KAPITEL

Meditation als der Weg zur Buddhaschaft

Der Weg der Meditation führt zu Shin-djang: Den ganzen Prozess hat man durchlaufen, ist durchtrainiert. Das ist das Ergebnis, oder die Errungenschaft, der Shamatha-Vipashyana-Meditation. Obgleich Sie die letzte Entwicklung vermutlich noch nicht erlebt haben, ist es kein großes Geheimnis, dass es eine letzte Entwicklung gibt. Man kann nicht so tun, als habe es den Buddha nicht gegeben, und trotzdem über seine Unterweisungen sprechen. Denn er hat es tatsächlich vollbracht – er ist zur Erleuchtung gelangt. Daraus sollten wir kein Geheimnis machen.

DIE DRITTE EDLE WAHRHEIT beruht darauf, dass man den Unterschied zwischen Samsara und Nirvana erkennt. Die Meditation auf den Atem ist eine Technik, bei der sich auf natürliche Weise ganz von allein solch ein Kontrast zeigt. Immer wieder, so wird Ihnen klar, findet in Ihnen ein Wechsel statt: Gesundes und Ungesundes stehen bei Ihnen in ständigem Wechsel. Dazwischen erleben Sie eine Lücke. Beziehen Sie sich auf diese Lücke, dann beziehen Sie sich auf den Kontrast zwischen Samsara und Nirvana.

Die herkömmliche Analogie für das Aufhören ist das Auspusten einer Kerze. Dies verweist auf die letzte Stufe des Aufhörens, wenn Sie Buddha geworden sind. Doch allein schon die *Vorstellung* vom Auspusten der Kerze verlangt Anstrengung und Energie. Die Kerze, das gilt es zunächst zu begreifen, ist keineswegs besonders kraftvoll, sondern so schwach, dass Sie sie tatsächlich auspusten können. Sobald Sie sich klar gemacht haben, dass Sie die Kerze auspusten können, sogar noch aus einer gewissen Entfernung, haben Sie die Botschaft begriffen. Und wenn diese Botschaft der Realität entspricht, wird das Auspusten der Kerze lediglich zu einer Frage der Bemühung.

Das Aufhören von Samsara kommt zustande, wenn Sie wie ein Buddha handeln. Der Buddha war allerdings bloß *eine* Person. Bei jedem Einzelnen von uns könnte der befreite Geisteszustand anders aussehen, einen anderen Charakter annehmen. Momentan ist allerdings die Schulung unser Anliegen. Sind Sie dann erst geschult, können Sie das so Erlernte auf Ihre ganz spezielle Weise in die Tat umsetzen. Lassen Sie uns das an einem Beispiel verdeutlichen: Nach bestandener Fahrprüfung, die im Prinzip für jeden gleich ist, wird Ihr Fahrstil sich womöglich von demjenigen anderer Prüfungsabsolventen unterscheiden. Im Vajrayana, oder Tantra, sind die diversen Praxisstufen oder -stile in unterschiedliche Klassen eingeteilt. Im Hinayana hingegen geht es lediglich darum, grundlegende Befreiung zu erfahren.

Befreiung zu erreichen erfordert Arbeit. Das hat Ähnlichkeit mit der Anfertigung von Schmuck. Wenn Sie zu einem Juwelier gehen, liegen bei ihm Klumpen massiven Golds, massiven Silbers oder massiven Messings herum, die ziemlich unansehnlich wirken und nicht gerade den Eindruck erwecken, sie könnten einem Menschen zur Zierde gereichen. Erteilen Sie dem Juwelier dann jedoch den Auftrag, einen Ring, eine Halskette oder Ohrringe zu kreieren, schnappt er sich einen der Klumpen und begibt sich an die Arbeit. Aus dem Klumpen macht er ein Schmuckstück.

In gleicher Weise könnten Sie sich bei einem Autokauf vor Augen führen, dass Ihr neues Automobil nicht aus einem Lotos geboren, sondern in einer Fabrik produziert worden ist. Zwar mag es den *Anschein* erwecken, als sei das Auto aus einem Lotos geboren worden. Das entspricht indes nicht ganz den Tatsachen.

Mit der Buddhaschaft, von der man annimmt, sie sei makellos und etwas ganz Phantastisches, ist es das Gleiche. Zu einem Buddha zu werden ist eine letzte Inspiration. Ein Buddha werden – toll! Doch der Buddha ist nicht aus einem Lotos hervorgegangen; vielmehr aus einer Fabrik.

Das Aufhören des Leids hängt mit der Vierten Edlen Wahrheit zusammen. Diese ist der Weg, *Lam* auf Tibetisch. Das Aufhören und der Weg gehen Hand in Hand: Gibt es einen Weg, kommt das Aufhören ganz von allein in Gang; und gibt es ein Aufhören, ermöglicht Ihnen dieses, den Weg dorthin einzuschlagen. Der Weg besteht darin, dem Beispiel des Buddha zu folgen – durch die Meditationspraxis, durch Achtsamkeit und Gewahrsein. Solch eine Praxis zählt zu den großen Verdiensten der Hinayana-Disziplin.

Wenn das Hinayana als das „kleinere Fahrzeug" bezeichnet wird, dann deshalb, weil es geradlinig ist und eng gefasst. Zum Improvisieren bleibt nicht viel Raum. Da hier keine Improvisation stattfindet, können wir das entwickeln, was individuelle Erlösung beziehungsweise Befreiung genannt wird. Individuelle Erlösung ist keine selbstsüchtige Zielsetzung; sie besteht in Selbstdisziplin, direkt und einfach. Einfach ist sie in dem Sinn, dass es nicht viel mehr zu tun gibt, als voll und ganz da zu sein. Der Weg der Meditation führt zu *Shin-djang:* Den ganzen Prozess hat man durchlaufen, ist durchtrainiert. Das ist das Ergebnis, oder die Errungenschaft, der Shamatha-Vipashyana-Meditation. Obgleich Sie die letzte Entwicklung vermutlich noch nicht erlebt haben, ist es kein großes Geheimnis, dass es eine letzte Entwicklung gibt. Man kann nicht so tun, als habe es den Buddha nicht gegeben, und trotzdem über seine Unterweisungen sprechen. Denn er hat es tatsächlich vollbracht – er ist zur Erleuchtung gelangt. Daraus sollten wir kein Geheimnis machen. In der Zwischenzeit könnten Sie allerdings jeden Anflug einer Verheißung, die Ihnen in den Sinn kommt, jede Hoffnung, die sich regt, einfach als einen weiteren Gedanken betrachten. Wer ein starkes Verlangen danach hat, ein Resultat zu erzielen, wird dadurch zurückgeworfen. Ihr Bezug zu Hoffnung könnte im Respekt vor dem Dharma bestehen, im Respekt vor der Wahrheit, statt in einer Verheißung. So ähnlich, wie es einem Schulmädchen beim Anblick eines Lehrers ergeht: Eines Tages wird es vielleicht selbst Lehrerin sein, dennoch muss es erstmal die Hausaufgaben erledigen. In gleicher Weise legt man, zumal im Hinayana, die ganze Zeit eine Reise zurück.

Shin-djang kommt schrittweise zustande, stufenweise. Als Erstes erreicht man Klarheit. Auf dieser Stufe ist es so, als würde man einen flüchtigen Eindruck davon gewinnen, wie es wäre, wenn man ständig diesen Eindruck hätte. Um Aufhören dauerhaft zu erfahren, müssen Sie weiter praktizieren. Erst erhalten Sie also einen kurzen, einem Appetithäppchen gleichenden Vorgeschmack, dann macht Ihnen das Appetithäppchen Hunger auf mehr. Sie wollen eine große Mahlzeit haben. Also warten Sie bereitwillig darauf, womöglich stundenlang, dass das große Menü kommt.

Entwickeln Sie dann Shin-djang, legt sich das Gefühl, aufgewühlt zu sein und sich elend zu fühlen. Körperlich wie geistig stellt sich daher ein Gefühl des Wohlbefindens ein. Wohlbefinden bedeutet nicht Euphorie, doch Sie spüren, dass die Dinge wohltuend sind, weil Sie Ihr Leben vereinfacht haben. Einfachheit bringt enorme Erleichterung. Dennoch kommt es Ihnen nicht auf endgültige Resultate an, und Sie werden nicht zielorientiert; Sie praktizieren einfach immer weiter. Hat man genügend praktiziert, stellt Verwirklichung sich auf ganz natürliche Weise ein. Versuchen Sie hingegen ständig, Aufhören zu erreichen, ist das ein Problem. So erreichen Sie es nicht. Wann immer Sie einen ichorientierten Ansatz wählen, entwickeln Sie eine Allergie sich selbst gegenüber. Das gilt es, hinter sich zu lassen. Es ist die einzige Möglichkeit. Individuelle Erlösung rührt also nicht daher, dass man nach Erlösung strebt – Erlösung beginnt sich einfach von allein zu zeigen.

Aufhören und Erlösung werden Ihnen zuteil, wenn Sie ein vernünftiger Mensch werden. Vernünftig und sorgsam werden Sie, weil Sie nicht länger nachlässig und achtlos sind. Darum herrscht ein Gefühl der Erleichterung. Anschaulich wird Sorgfalt durch die *Oryoki*-Praxis, eine zeremonielle Art und Weise, eine Mahlzeit zu reichen und sie zu essen. Der Ursprung dieser Praxis liegt im Zen-Buddhismus. In ihr sind Sie jeder Handlung und jeder Bewegung gewahr, die vorgenommen wird. Dabei sind Sie ganz unverkrampft, denn sobald Sie unsicher werden, beginnen Sie die *Oryoki*-Vorgehensweisen zu vergessen. Die gleiche Logik gilt, wenn es darum geht, in Ihrem Zimmer Ordnung zu halten, auf Ihre Kleidung Acht zu geben, auf Ihre Lebensweise insgesamt Acht zu geben. Solch ein Sorgfältigsein beruht nicht auf Angst; es beruht auf natürlicher Achtsamkeit.

Und zu guter Letzt wird Ihnen, wenn Sie die Achtsamkeit verlieren, dies unmittelbar in jenem Prozess des nachlässigen Handelns in Erinnerung gerufen. Solch eine Erinnerungshilfe, solch ein Weckruf ist das Ergebnis der enormen Disziplin, die Sie zunächst aufgewandt haben. Weil Sie die ganze Zeit auf Ihre Praxis eingestimmt gewesen sind, erhalten Sie jetzt solche Weckrufe.

Angenommen, Sie haben mit einem Freund beziehungsweise einer Freundin, mit jemandem, den Sie sehr gern haben, ziemlich viel Zeit verbracht und die betreffende Person geht fort: Jedes Mal, wenn Sie nun an diesen Menschen denken, entwickeln Sie größere Zuneigung. Ebenso wirkt, sobald Sie auf einer fortgeschritteneren Stufe von Shin-djang angelangt sind, bei jeder Nachlässigkeit ebenjene Nachlässigkeit selbst wie ein Weckruf, der Sie wieder zurück auf den Punkt bringt. Ein natürliches Kontrollsystem tritt nun also in Kraft. Auf diese Weise werden Sie wie der Buddha. Jede Einzelheit Ihres Lebens hat Bedeutung. Es gibt eine natürliche und würdevolle Art und Weise, eine Mahlzeit zu sich zu nehmen – und eine natürliche und würdevolle Art und Weise, mit allem anderen, was sich in Ihrem Leben abspielt, umzugehen. Anstatt eine leidvolle Situation zu sein, wird Ihr Leben so zu etwas Wohltuendem. Darum heißt es, die Shamatha-Praxis sei gleichbedeutend mit der Entwicklung von Frieden. Mit Frieden ist hier nicht die Suche nach Vergnügen, sondern ein Streben nach Harmonie gemeint. Weder bei sich selbst noch bei anderen richten Sie Chaos an, und der erste Schritt besteht für Sie darin, an sich selbst zu arbeiten.

Traditionell kennt man vier Möglichkeiten, sich um Ihren Körper zu kümmern, Ganzheitlichkeit und Gesundheit zu entwickeln. Angemessener Umgang mit Nahrung ist die erste Möglichkeit. Wie in der Oryoki-Praxis nehmen Sie weder große Nahrungsmengen zu sich, noch essen Sie zu wenig. Vielmehr ist die Menge, die Sie zu sich nehmen, ausreichend bemessen, um noch ein wenig Platz im Magen zu lassen.

Angemessener Umgang mit Schlaf beziehungsweise Ruhe ist die zweite Möglichkeit. Sie treiben sich nicht unablässig weiter an, vielmehr lernen Sie, sich auszuruhen. In diesem Sinn zu ruhen bedeutet etwas anderes, als im gewöhnlichen Sinn zu ruhen, wo Sie mitunter dennoch hart arbeiten.

Auf Einzelheiten, das heißt in physischen Belangen, auf sich selbst Acht zu geben – auf Ihren Körper zu achten, auf Ihre Kleidung zu achten, auf Ihr unmittelbares Umfeld und auf Ihre Umwelt zu achten ist die dritte Möglichkeit. Wie Sie sich körperlich bewegen und mit den Dingen umgehen, ist dabei wichtiger als das schiere äußerliche Erscheinungsbild. Über Ihre Erscheinung hinausgehend existiert da eine Qualität von Sorgfalt.

Meditation ist die vierte Möglichkeit. Ohne solch einen Bezugspunkt gäbe es keine wirkliche Erleuchtung oder Ganzheitlichkeit.

Essen, Schlafen, auf Ihr Wohlbefinden Acht geben und Meditation sind also die vier Möglichkeiten, wie Sie Gesundheit und Ganzheitlichkeit entwickeln können. Und solche Ganzheitlichkeit versetzt Sie in die Lage, den Zustand individueller Erlösung entfalten zu können. Darum wird gesagt, der Dharma sei am Anfang gut, in der Mitte gut und am Ende gut.

Bei der Arbeit an sich selbst beginnen Sie mit der äußeren Form. Diese äußere Form lässt dann innerlich ein Gefühl aufkommen, und dieses im Innern entstandene Gefühl verhilft Ihnen daraufhin zu einem tiefer gehenden Empfinden von Freiheit. Wir haben es also mit einem dreiteiligen Prozess zu tun.

Der gleiche Prozess könnte übrigens für all Ihr Tun Gültigkeit haben. Am Anfang macht Ihnen etwas in erster Linie große Mühe; in der Mitte bereitet es Ihnen mal Mühe, und mal ist es natürlich; zu guter Letzt wird es dann ganz natürlich. Für die Praxis des Sitzens gilt das Gleiche: Zu Beginn muss man sich alle Mühe geben; auf einer gewissen Stufe bereitet sie einerseits Mühe, während sie einem andererseits Erleichterung verschafft; und schließlich fällt sie ganz leicht. Ein ähnlicher Vorgang wie wenn man einen neuen Ring anzieht: Die ersten paar Tage hat man das Gefühl, er sei einem im Weg. Letztlich wird er dann jedoch gleichsam zu einem Teil Ihrer Hand. Es ist solch eine Logik.

Was mich betrifft, so bin ich, seit ich fünf Jahre alt war, in einem Umfeld aufgewachsen, in dem unablässig Disziplin gewahrt wurde.

Verlor ich die Achtsamkeit, hat mich entweder mein Lehrer oder der für mich zuständige Disziplinmönch daran erinnert. Das blieb nicht allein mir selbst überlassen. Mittlerweile ist es offenbar ganz natürlich für mich geworden. Nicht ich habe da etwas Großartiges zustande gebracht. Vielmehr verdanke ich das meinem Disziplinmönch und meinem Lehrer.

ACHTES KAPITEL

Über Samsara und Nirvana hinausgelangen

Die Vorstellung des Aufhörens beinhaltet, dass man über die Wirren und die Probleme des Lebens, ferner über die damit einhergehenden Neurosen hinausgelangt. Weil wir uns jedoch so angestrengt bemühen, über all das hinauszugelangen, sind wir dazu außerstande. Gerade aufgrund solchen angestrengten Bemühens sind wir ja überhaupt erst in diese missliche Lage geraten. Eindeutig der wichtigste Punkt in Bezug auf das Aufhören ist also der Umstand, dass es Samsara ebenso transzendiert wie Nirvana. Indem wir über die samsarischen wie auch die nirvanischen Möglichkeiten von Verwirrung hinausgehen, lassen wir zugleich das Aufhören selbst hinter uns. Daher haben wir nun nichts mehr, woran sich festhalten ließe. Aber solch eine „Haltlosigkeit" könnte ihrerseits zu einem sehr kraftvollen Ausdruck des Aufhörens werden.

AUS DEM BLICKWINKEL DES HINAYANA bedeutet Aufhören, dass man in der Lage ist, die Entstehung von Problemen zu verhindern oder diese zu erschöpfen. Das Sanskrit-Wort für Aufhören heißt *Nirodha*. Das entsprechende tibetische Wort, das in seiner Verbform „anhalten" oder „verhindern" bedeutet, lautet *Gokpa*. Bei der Vorstellung des Aufhörens geht es nicht so sehr darum, allmählich zur Ruhe zu kommen, vielmehr wird da unverzüglich etwas abgestellt. Manchmal bezieht *Gokpa* sich auf das letzte Ziel, den Zustand der Erleuchtung, der Freiheit. Hier in diesem Fall wird Gokpa jedoch nicht als das letzte Ziel aufgefasst; vielmehr bedeutet es einfach, dass temporäre Probleme verhindert wurden. Es ist uns gelungen, sie zu durchdringen, sie zurückzuschneiden. Nachdem wir uns von unnützem Müll getrennt haben, sind wir in der Lage, wahrhaft lebendiges

Gesundsein zu entwickeln und dieses zum Vorschein kommen zu lassen. Aufhören verweist auf die Vermeidung unnützer Probleme; in gewissem Maß bleiben solche Probleme allerdings stets bestehen. Als hätten Sie ein feines Essen und seien mit dem Gericht, das Sie sich ausgesucht haben, hoch zufrieden, aber dennoch bliebe es Ihnen nicht erspart, dafür zahlen zu müssen.

Gokpa verweist zugleich auf das letzte Ziel, den Zustand der Erleuchtung beziehungsweise Freiheit. Gokpa gleicht einer Impfung. Hat man erst einmal das Entstehen von Problemen verhindert, ist das endgültig. Aufhören bedeutet im Grunde, dass wir tatsächlich imstande sind, karmische Kettenreaktionen wie auch karmische Konsequenzen auf der Stelle zu verhindern. Eine derartige Möglichkeit erwächst aus unserer im Verlauf der Reise gewonnenen Einsicht und Erfahrung. Solche Probleme, so merken wir allmählich, könnten wir dadurch vermeiden, dass wir hochgradig diszipliniert sind und eine echte Verbindung zu unserem Geist und den eigenen Denkmustern haben, seien diese nun gut oder schlecht, ganz vorzüglich oder sonst wie beschaffen.

Die Frage ist: Wie können wir den Stecker ziehen, wie die Elektrizität abschalten, ohne einen Stromschlag zu erleiden. Soweit es die Shamatha-Praxis betrifft, können wir das durch Nichtbeteiligung an der samsarischen Welt bewerkstelligen. Sie werden Mönch oder Nonne. Sie werden ein guter Praktizierender, der viel sitzt, denn solange Sie sich der Praxis des Sitzens widmen, verhindern Sie, dass Karma entsteht, zumindest tun Sie jedenfalls nichts Falsches. Solch eine Logik scheint einfältig zu sein, allerdings verhält es sich nicht einfach so, dass es gut ist, nichts zu tun, und schlecht, viele Dinge zu tun. Wenn Sie meditieren, boykottieren Sie ganz real den Prozess, überhaupt irgendetwas weiter voranzutreiben.

Das Aufhören kennt unterschiedliche Abstufungen. Es könnte ein geringeres, mittleres und höheres Maß an Aufhören geben. Da wir begreifen, dass das Aufhören sich immer weitergehend entfaltet, merken wir allmählich, dass wir tatsächlich Fortschritte machen. Wir entwickeln einen Sinn für Freundlichkeit, Entspannung und Selbstachtung. Wir haben weniger zu beanstanden und grollen weniger. Beim Blick in den Spiegel können wir sehen, welch eine Wandlung wir durchlaufen haben, seit wir zu praktizieren begonnen haben. Wir haben Zuversicht und ein Empfinden für Wahrhaftigkeit entwickelt. Im Grunde sehen wir, dass wir gewohnt waren, uns von Abfall zu ernähren, jetzt aber fangen wir an, unseren Speiseplan umzustellen; und uns wird klar, dass wir nie wieder so handeln würden wie zuvor. In solchen ganz einfachen Dingen bestehen die Zeichen für Nirodha.

Zwar beginnen Sie, jene Anzeichen des Aufhörens zu erkennen, zugleich brauchen Sie jedoch an solchen Zeichen nicht festzuhalten; Sie benötigen keine Bestätigung oder Bestärkung; Sie machen einfach weiter. Auf Bestärkung aus zu sein käme einer Rückkehr zu Kün-djung gleich, zur Entstehung von Leid. Dorthin wollen Sie aber nicht zurückkehren. *Eine* Erfahrung von Leid reicht aus. Jene Art von Faszination, die Sie dazu bringen könnte, erneut Leid zu erfahren, besitzt bei Ihnen keine Zugkraft mehr. Denn würden Sie etwa den Finger auf eine glühend heiße elektrische Herdplatte legen, obwohl Sie das zuvor schon einmal getan haben? Offensichtlich nicht! Ebenso wenig werden Sie, nachdem Sie sich über die Wahrheit vom Leid und von der Entstehung des Leids klar geworden sind, denselben Fehler ein weiteres Mal begehen. Das geschieht intuitiv, und es geschieht, weil Sie den Dharma studieren und praktizieren. Im Mahayana würde man sagen: Jeder verfügt über die Wachheitsnatur, über *Tathagatagarbha*, über Buddhanatur, die Sie unweigerlich dazu bringt, Ihr Leid zu durchschauen und sicherzustellen, dass es sich nicht wiederholt.

Auf der empirischen Ebene bedeutet Aufhören, dass die Gedanken durchscheinend werden. In der Praxis des Sitzens stellen Gedanken kein großes Problem mehr dar. Durch das Aufhören werden solche Gedanken allzu absurd. Daraufhin zeigen sie sich nicht mehr.

Inwieweit ein Schüler die Transparenz der Gedanken erfährt, scheint davon abzuhängen, wie viel Disziplin er/sie auf lange Sicht aufbringt. Im Verlauf der Sitzpraxis tauchen sehr kraftvolle Gedanken auf. Wir werden wütend über dies und das – über mein Dies und Das, über das Dies und Das anderer Leute. Gelegentlich gibt es Unterbrechungen, in denen wir überlegen, was wir essen oder ob wir eine Dusche nehmen sollen und vielleicht etwas Shampoo einkaufen müssen. Alle möglichen Gedanken, unbedeutende wie auch kraftvolle Gedanken, tauchen gelegentlich auf. Doch all diese Gedanken werden als durchscheinend wahrgenommen, nicht als etwas Massives, in sich fest Gefügtes. Zum Aufhören kommt es, wenn solche Gedanken folgenlos bleiben – nichts weiter sind als kleine Wellen auf dem Teich.

Die zwölf Aspekte des Aufhörens

Herkömmlicherweise wird die Darlegung des Aufhörens in zwölf Themenbereiche untergliedert. Jamgon Kongtrul hat in den „Fünf Schatzsammlungen" ebenfalls diese zwölf Themen aufgeführt.

1. Natur

Die Natur des Aufhörens ist das erste Thema, und dieses gliedert sich in drei Unterthemen: den Ursprung, was aufgegeben und was kultiviert werden sollte.

DER URSPRUNG: MEDITATIVE VERSENKUNG. Meditative Versenkung, ein makelloser Geisteszustand jenseits von Unwissenheit, ist der Ursprung oder Ausgangspunkt des Aufhörens. Sie beginnen die Natur der Wirklichkeit zu begreifen, indem Sie mit Hilfe der die Kleshas vermindernden Praxis der Shamatha-Disziplin meditative Versenkung entwickeln.

WAS AUFGEGEBEN WERDEN SOLLTE: NEUROSE. Aufgegeben, eingehend betrachtet beziehungsweise transzendiert werden sollte die Neurose. Durch Achtsamkeit und Gewahrsein erfahren Sie, dass es möglich ist, sich nicht den Kleshas anheim zu geben. Sie beginnen ein Empfinden von Gutheit und Entschlossenheit zu entwickeln, und das hält Sie ganz von allein davon ab, nachlässig zu sein.

Der Weg, den es zu kultivieren gilt: Einfachheit. Kultiviert werden sollte Einfachheit. Einfachheit bedeutet, dass Sie alles auf ein Minimum beschränken. Sie führen ein ganz einfaches Leben. Das könnte so aussehen, dass Sie aufstehen, praktizieren, frühstücken, arbeiten gehen, nach Hause zurückkehren, zu Abend essen, erneut praktizieren und sich schlafen legen. Im Idealfall sollte das Leben eines Praktizierenden in die Morgen- und die Abendmeditationspraxis eingebettet sein. Das vereinfacht die Dinge, und es durchschneidet Ihr Anhaften an unnützen Zeitvertreib. Was das Sitzen anbelangt, schaffen Sie keinerlei Vorbedingungen, etwa indem Sie sich fragen: „Sollte ich mich morgens hinsetzen? Sollte ich abends sitzen?" Die Frage stellt sich überhaupt nicht. Denn Sie sind voll und ganz von Ihrer Shamatha-Praxis und von der Einfachheit Ihres Verhältnisses zum Buddhadharma bestimmt.

Seiner Natur nach beruht das Aufhören in grundlegender Weise auf einem makellosen Geisteszustand. Haben wir die zeitweiligen Hindernisse oder Schleier, die uns davon abhalten, die Dinge so zu sehen, wie sie sind – sie in angemessener Weise mit klarem Blick zu sehen –, erst einmal überwunden beziehungsweise durchschaut, bestehen keine weiteren Schwierigkeiten. Sobald wir die Unfähigkeit, zu unserer grundlegenden Natur in Beziehung zu treten, überwunden haben, muss nichts verhindert und nichts kultiviert werden. Diejenigen Hindernisse, die unser grundlegendes Gesundsein verhüllen, betrachten wir nicht als etwas Verhärtetes, mit einem starken Kleber Befestigtes, sondern als etwas, das sich ohne weiteres entfernen lässt: als würde man die Wolken entfernen, um die Sonne zu erblicken. Die Dinge auf diese Weise zu betrachten kann uns dennoch schwer fallen.

2. Tiefgründigkeit

„Tiefgründigkeit" ist das zweite Thema. Tiefgründigkeit bedeutet, in Ihrer Einstellung zum Aufhören Subtilität zu entwickeln und zu verstehen, dass Aufhören niemandem gehört. Aufhören kommt nicht woandersher. Es ist ein Teil von Ihnen; aber zugleich ist es anscheinend keineswegs in besonderer Weise ein Teil von Ihnen. Was Teil von Ihnen und was nicht Teil von Ihnen ist, bleibt generell stets fraglich. Das Aufhören darf weder als das Ergebnis Ihres persönlichen Bemühens noch als Resultat einer von jemand anderem herrührenden Anregung betrachtet werden. Seien Sie daher als Praktizierender nicht stolz auf Ihre Bemühungen. Seien Sie nicht so überheblich, zu meinen, Sie hätten das Aufhören der samsarischen Welt herbeigeführt. Es ist nicht *Ihr* Aufhören. Doch ebenso wenig gehört das Aufhören anderen.

Sie praktizieren, weil *Sie* die Inspiration dazu haben. Niemand kann Sie dazu bringen, solange Sie es nicht wollen. Dabei müssen Sie sich nicht auf regionale Gottheiten, nicht auf nationale Gottheiten und nicht auf die Gottheiten einer religiösen Sekte stützen. Solch eine Inspiration scheint ein natürlicher Teil von Ihnen zu sein. Tatsächlich ist der Weg jedoch nicht Teil Ihres grundlegenden Systems. Denn Ihrer gewöhnlichen Denkweise, derjenigen der Neurose, ist er fremd. Ein Problem besteht, sobald Ihre Inspiration sich dahingehend entwickelt, dass Sie das Gefühl haben, das Wissen und Sie seien vollkommen eins. Falls Sie ein Empfinden vollkommener „Einheit" haben, verspüren Sie nämlich keinen Drang mehr, sich an eine wie auch immer geartete Disziplin zu halten, etwa an die Hinayana-Disziplin, niemandem Leid und Schaden zuzufügen. Solch einer Disziplin scheint dann die Qualität der Natürlichkeit abzugehen.

Wer Sie mit der Sprache des Gesundseins bekannt macht, bedient sich einer anderen Art von Logik als jener ansonsten gewohnheitsmäßig verwendeten Neurosenlogik, mag diese sich auch noch so philosophisch und natürlich geben. Zugleich sollten Sie die Tatsache nicht verkennen, dass grundlegendes Gesundsein von Natur aus in Ihrem Seinszustand existiert und Sie durch Disziplin in der Lage sind, die Entstehung wie auch das Aufhören des Leids zu begreifen. Falls Sie sich also fragen, ob der Weg Teil Ihres grundlegenden Systems ist oder nicht, lautet die Antwort: Er ist beides. Dharma basiert auf einem Empfinden des Getrenntseins, in dem fremde Information zu Ihnen kommt. Wenn solch eine Information allerdings nicht angemessen beziehungsweise nur unvollständig aufgenommen oder verdaut werden kann, und Sie diese dann weiterhin als etwas von Ihnen Getrenntes betrachten, haben Sie ein Problem. Ebenso problematisch ist es, wenn Sie bemüht sind, Ihr Territorium zu wahren, indem Sie sich aus dem, was Ihnen gegeben wurde, selbst etwas aussuchen. Einerseits besteht zwischen Dharma, Disziplin und Ihnen kein Unterschied: Im Dharma finden Sie Ihren Ausdruck. Sollten Sie andererseits jedoch meinen, zwischen Ihnen und dem Dharma bestehe keinerlei Unterschied, sodass Sie sich im weiteren Verlauf Ihren eigenen Dharma zusammenbasteln können, dann ist das nicht ganz zutreffend. Denn schließlich hat Ihnen die Überlieferungslinie Beispiele für den Dharma hinterlassen, und diesen Beispielen sollten Sie folgen. Zu viel Freistil geht nicht.

Der Dharma ist nicht absolut alles, und er ist nicht absolut nichts – er ist beides. Ja, nicht einmal beides ist er, und schon mal gar nicht ist er keines von beidem. Er ist nicht Ihr Dharma, und er gehört nicht anderen. Er ist Ihr Dharma wie auch der von anderen. Ebenso wenig ist der Dharma, etwa in der Art einer süßsauren Speise, ein Gemisch aus Ihnen und anderen. Daher sind Sie und der Dharma weder eins, noch sind Sie und der Dharma vollständig getrennt.

Was haben wir also letzten Endes? Sehr wenig oder ganz schön viel. Die Einfachheit der Praxis kann entwickelt werden. Das ist die einzige Möglichkeit. Damit einhergehend kann sich zugleich Respekt vor der Überlieferung und Disziplin entwickeln, und die eigene Intuition kann sich Ihrem Grundverständnis des Lebens gemäß entfalten. Soweit das Thema Tiefgründigkeit.

3. Zeichen

„Zeichen" sind der dritte Punkt. Haben die Kleshas zu schwinden begonnen, macht dies deutlich, dass Sie Gokpa, das Aufhören, erreicht haben. Mit der Zeit stellen Sie dann fest, dass die Kleshas allmählich aufhören zu existieren. Und Sie selbst werden irgendwie ein wenig nichts sagend, gewöhnlich und langweilig. Ihre Praxis bringt es mit sich, dass Sie keine Spiele mehr spielen und zu einem grundanständigen Menschen werden. Sie sind gewissermaßen gereinigt. Aus Ihnen wird ein vernünftigerer Mensch – entweder auf der Stelle oder nach und nach. Und irgendwann haben Sie keine wie auch immer gearteten Marotten mehr. Das ist letztlich das Zeichen. An dem Punkt haben Sie Nirodha erreicht, und Sie haben begonnen, Nirvana zu erfahren.

Zeichen oder Merkmal bedeutet, dass Sie weltliches Anhaften im Sinn eines Schwelgens in völlig unvernünftigen Genüssen aufgegeben haben. Sogar empfindsame weltliche Menschen würden solche Ausschweifungen nicht für etwas Gutes halten. Darüber hinaus werden Sie hochgradig diszipliniert. Sie sind realistisch, anständig und fleißig. Sie verfügen über Selbstdisziplin und strahlen Würde aus. Solch eine ganz gewöhnliche Grundanständigkeit wird als Merkmal des Aufhörens angesehen. Einer Alltagslogik wie etwa derjenigen, dass man vorsichtig Auto fährt und keine ungedeckten Schecks ausstellt, wohnt eine spezielle Qualität inne. Derartige Tugenden mögen zwar oberflächlich anmuten, nichtsdestoweniger werden solche Kleinigkeiten in Zusammenhang mit der Möglichkeit von Gokpa betrachtet. Die Logik des gewöhnlichen häuslich-familiären Daseins geht, mit anderen Worten, in Richtung Aufhören: Ein Element von Gesundsein und eines Transzendierens von Samsara ist dort vorhanden. Mag dies auch wie eine vage Möglichkeit erscheinen, so hat solch eine Logik dennoch Vitalität und einen Wahrheitsgehalt.

4. Letztendlich

„Letztendlich" ist das vierte Thema. Es basiert darauf, dass wir das Verständnis und die Disziplin von Prajna, von Wissen, auf unsere Herangehensweise an das Leben beziehen. Durch Prajna wird uns allmählich klar, wie unsere Probleme und unsere auf Unwissenheit zurückzuführenden Fehler entstehen. Wir entwickeln nun tatsächlich ein Verständnis dafür, wo Verwirrung und Chaos ins Spiel kommen. Hat man das erst begriffen, besteht keine Möglichkeit mehr, sich zurückzuentwickeln. Aus dieser Perspektive könnte unsere Reise als eine einmalige Veranstaltung betrachtet werden. Nie wird sie als ein bloßer Probedurchlauf aufgefasst.

Aufgrund der Shamatha-Praxis beginnen Sie, „edles Prajna" zu entwickeln: über die gewöhnliche Welt hinausreichendes höchstes

Prajna. Auf einer intellektuellen Ebene wird Ihnen klar, wie und warum das Leid überwunden werden kann – und ebenso die Entstehung des Leids. Allmählich begreifen Sie tatsächlich, wie die Dinge zusammenhängen. Sie geraten, mit anderen Worten, nicht in Panik. Sobald Sie in Panik geraten, verlieren Sie edles Prajna aus dem Blick. Sie reden um den heißen Brei herum, indem Sie fragen: „Wie soll ich das bloß machen? Und warum soll ich das denn machen?" Aus lauter Unvermögen werden Sie so zum Almosenempfänger. Durch edles Prajna gewinnen Sie hingegen an Zuversicht. Sie beginnen den Wert des Intellekts zu erkennen. Dabei geht es in diesem Fall weniger um Theorie, vielmehr ist geschärfte Klarheit gemeint. Statt sich darauf zu verlegen, wie Jung oder Freud alles zu psychologisieren, durchlaufen Sie einfach die Erfahrungen Ihres Lebens und begreifen, auf welche Weise es funktioniert. Indem Sie Prajna erfahren, wissen Sie, was zu tun ist und wie man dies in angemessener Weise vollständig durchführt. Der Intellekt versetzt Sie in die Lage, das zu überwinden, was es zu vermeiden gilt: den Samen, oder Ursprung, des Leids.

5. Unvollkommenheit

„Unvollkommenheit" ist das fünfte Thema: Haben Sie eine bestimmte Ebene der spirituellen Verwirklichung, des Aufhörens, erreicht, dann begreifen Sie allmählich Folgendes: Obgleich Sie solch eine Stufe zu erreichen vermochten, sind die Dinge noch nicht wirklich vollendet. Hindernisse und Probleme haben Sie zwar überwunden, trotzdem sind Sie aber, wie Sie nun erkennen, noch nicht erblüht.

Ein Hinayana-Schüler, der sich in die Disziplin hineinbegibt, wird zunächst als ein *in den Strom Eingetretener* bezeichnet. Durch Ihr Eintreten in das System der Disziplin haben Sie jene Schwierigkeiten überwunden, die Sie daran hindern, klar zu sehen – die Dinge so zu sehen, wie sie sind. Sobald Sie sich auf den Weg des klaren Sehens begeben, stellen Sie zugleich jedoch fest, dass da weitere Hindernisse vorhanden sind.

Manche Schüler haben auch die als *Einmalwiederkehrer* bezeichnete Verwirklichungsstufe erreicht. Das heißt, man kehrt nur noch für eine einzige Lebensspanne in die Welt zurück, kehrt also nicht aufgrund von karmischen Schulden immer wieder zurück. Die Welt von Freude und Leidenschaft haben Sie noch nicht vollkommen überwunden, die Welt des Begehrens noch nicht vollkommen geklärt, und daher haben Sie nach wie vor Probleme. Dessen ungeachtet werden Sie als ein Mensch angesehen, der eine Art Befreiung oder Erlösung erreicht hat.

Und selbst für diejenigen, die in ihrem nächsten Leben nicht in die samsarische Welt zurückkehren, für die als *Nichtwiederkehrer* bezeichneten Menschen also, bleibt die Verwirklichung von Gokpa immer noch unvollständig, oder temporär. Schüler dieser Art sind allesamt teils befreit, teils verwirrt. Dennoch könnte ihr unvollkommenes Aufhören als eine Art Erlösung bezeichnet werden.

6. Zeichen von Vollkommenheit

„Zeichen von Vollkommenheit" ist das sechste Thema. An dem Punkt sind Sie zu einem Arhat geworden, zu jemandem, der sämtliche Hindernisse auf dem Weg vollkommen überwunden beziehungsweise gemeistert hat. Arhats haben bereits gebändigt, was gebändigt werden sollte, und entfaltet, was entfaltet werden sollte. Was es zu lernen gilt, haben Sie vollständig erlernt und so den Zustand des Nicht-mehr-Lernens erreicht. Dieser Zustand des Nicht-mehr-Lernens bezieht sich allerdings lediglich auf die Arhats auf der Hinayana-Ebene, nicht auf die Bodhisattva- oder die Buddha-Ebene. Er bezieht sich auf Arhats, die den Zustand des Nicht-mehr-Lernens erreicht haben, soweit es um ihre spezifische Welt der Arhatschaft geht. Mit den fünf Pfaden im Vajrayana hat das nichts zu tun. Dort entspräche der Pfad des Nicht-mehr-Lernens der Buddhaschaft.[9]

Fassen wir kurz zusammen: Im Hinayana gibt es die in den Strom Eingetretenen, die Einmalwiederkehrer, die Nichtwiederkehrer und die Arhats. Wenn Schüler sich auf den Weg begeben, werden sie zunächst als in den Strom Eingetretene bezeichnet. Da bei den in den Strom Eingetretenen und den Einmalwiederkehrern der Akzent auf meditativer Versenkung liegt, auf den *Dhyanas* (oder *Jhanas*),[10] verbleiben sie im Bereich der Leidenschaft. Nichtwiederkehrer sind zwar imstande, den Bereich der Leidenschaft zu überwinden, aber sie arbeiten nach wie vor mit samsarischem Geist und mit der Hindu-Vorstellung, eine göttliche Verwirklichung zu erlangen. Damit arbeiten Sie so lange, bis sie vollkommene Arhats geworden sind. Dann durchtrennen sie zu guter Letzt die ganze Angelegenheit. Nichtwiederkehrer sind unvollkommen, weil sie sich immer noch im Prozess des Nichtwiederkehrens befinden. (An diesem speziellen Witz hätte, glaube ich, Nagarjuna seine helle Freude.)[11]

Arhats entwickeln sich über die vier Jhana-Zustände, die Zustände meditativer Versenkung, weiter fort – und noch darüber hinaus. Was an dem Punkt geschieht, weiß niemand genau. Diesbezüglich gibt es zahlreiche philosophisch voneinander abweichende Auffassungen. In meiner Überlieferung[12] vertreten wir die Position, dass jemand, der über die vier Jhana-Zustände wie auch über die vier formlosen Jhana-Zustände vollständig hinauszugelangen vermag, zu einem wirklichen Buddha wird und nicht länger in Samsara umherirrt. Mit anderen Worten: Da die Jhana-Zustände immer noch in samsarische Möglichkeiten verstrickt bleiben, sollten solche meditativen Versenkungszustände transzendiert werden.

7. Ohne Schmuck

„Ohne Schmuck, ohne Ornament", so heißt der siebte Aspekt von Gokpa. Auf dieser Stufe haben Sie zwar Prajna entwickelt, und das hat Sie dazu gebracht, widerstreitende Emotionen voll und ganz zu überwinden; doch sind Sie noch mit keinerlei Zeichen von Heiligkeit oder Würde geschmückt. Auf einer persönlichen Ebene haben Sie viel erreicht, ohne dass Sie es allerdings der übrigen Welt kundtun. Manch ein überlieferter Text würde hier von der Unfähigkeit, Wunder zu wirken, sprechen. Aber das ist ein etwas zweifelhaftes Thema. Statt von Wundern könnten wir eher davon sprechen, dass man das Empfinden hat, die Welt wirklich zu meistern. „Ohne Schmuck" soll im Grunde besagen, dass Sie noch nicht so weit sind, ein Lehrer zu sein, obgleich Sie persönlich sich voll und ganz entwickelt haben. Über neurotische Marotten sind Sie vielleicht hinausgelangt, dennoch vermögen Sie sich weder Schülern noch sich selbst noch der Welt gegenüber als hochgradig verwirklichte Person zu zeigen. Darum gereichen Ihnen auch nicht die Insignien eines Lehrers zur Zierde.

8. Geschmückt

„Geschmückt" ist die Bezeichnung für das achte Thema: Gokpa mit Schmuck beziehungsweise Ornament. An diesem Punkt sind Sie zu einem Lehrer geworden. Sie haben Zuversicht wie auch ein feines Gespür entwickelt, und Ihre persönliche Disziplin hat sich ebenfalls entwickelt. Da Sie den Schleier der Neurose bereits abgestreift haben, ebenso den Schleier der karmischen Verpflichtungen, haben Sie Einfluss auf die Welt erlangt.

9. Mit Auslassung

Nummer neun ist „mit Auslassung". Die Leidenschaften und die Neurose des menschlichen Daseinsbereichs haben Sie zwar hinter sich gelassen, dennoch sind Sie nicht in der Lage, wahres Gesundsein voll und ganz zu verwirklichen. Durch Ihr Wissen, wie Sie eine Wiedergeburt im Höllenbereich, im Reich der Hungergeister, im Tierreich, im menschlichen Daseinsbereich, im Bereich der eifersüchtigen Götter und in einem Teil des Götterbereichs vermeiden können, haben Sie Freiheit erlangt. Das Reich der formlosen Götter ist hingegen noch nicht transzendiert. Dieser Teil des Götterbereichs ist das Allerheiligste, der höchste samsarische Bereich. Die Religion der Hindus veranschaulicht dies durch das Bestreben, den Zustand von Brahma zu erreichen und diesen Zustand dann zu transzendieren. Im Hinduismus gibt es Ebenen jenseits des Zustands von Brahma. Dort wird *Brahma* (die Gottheit) zur Universalität von *Brahman* (dem Absoluten).[13] Christlich gesprochen könnten wir sagen, dass Sie Ihre Schulung abgeschlossen, sich jedoch noch nicht ganz mit Gott verbunden haben. Da die Neurose einer abstrakten Vorstellung von etwas Letztgültigem noch nicht vollständig überwunden worden ist, bleibt da etwas ausgelassen. Sogar möglichen Arhats, möglichen Bodhisattvas oder möglichen Buddhas, die den Weg des Buddhadharma praktizieren, machen solche subtilen theistischen Hindernisse zu schaffen.

10. Ohne Auslassung

Das zehnte Thema ist „ohne Auslassung". Das bedeutet, dass Sie sogar die majestätische und mystische Gottesvorstellung, diejenige des Zustands von Brahma, transzendiert haben. Zu guter Letzt haben Sie die gesamte theistische Welt überwunden. Sämtliche Neurosen und Gewohnheitsmuster sind hier transzendiert, was indes nicht bedeutet, dass Sie im Begriff stehen, ein Bodhisattva oder ein Buddha zu werden. Wir sprechen über jemanden, der sich auf der Ebene des Hinayana befindet. Auf dieser Ebene haben Sie es mit Mühe und Not bewerkstelligt, mit den Dingen, wie sie sind, zurechtzukommen. Sie haben gesehen, dass die Nöte und Schwierigkeiten von Samsara unwahrscheinlich lebendig und offensichtlich sind, für die Nöte von Nirvana gilt das aber erst recht. Wenn die Nöte von Nirvana also tatsächlich überwunden und Sie tatsächlich in der Lage sind, ein ziemlich achtbarer nirvanischer Mensch zu werden, will das schon einiges heißen. Das ist die Definition von Gokpa, von Aufhören, aus der wirklichen Hinayana-Perspektive. Sie werden zu einem guten Bürger des Hinayana, zu jemandem, der wahrhaft den Zustand des Aufhörens erreicht hat.

11. Über alles hinausgehend

Das elfte Thema wird als „über alles hinausgehend oder außerordentlich" bezeichnet. Auf dieser Stufe haben Sie Nirvana ebenso transzendiert wie Samsara. Mit samsarischer Neurose haben Sie nichts mehr zu schaffen, doch das nirvanische Neurosenpotenzial haben Sie ebenfalls hinter sich gelassen. Anscheinend wurde dieses Thema von den Vertretern des Mahayana eingefügt. Da es jedoch Bestandteil der von Jamgon Kongtrul in seinen „Fünf Schatzsammlungen" akzeptierten Liste ist, schließen wir uns dem besser an. Nirvana bedeutet, in Frieden und Offenheit verweilen, während Samsara das Verharren in der eigenen Neurose bedeutet. Indem Sie höchstes Gokpa erreichen, über alles hinausgehendes Aufhören, können Sie schließlich Abstand davon nehmen, in Samsara wie auch in Nirvana zu verweilen. Dieses Thema ist von Elementen des Mahayana nicht ganz frei. In der reinen Hinayana-Fassung kommt man auf das Nichtverweilen in Nirvana gar nicht zu sprechen. Denn schließlich ist es ja ihr Ziel, dort zu verweilen.

12. Unermesslich

Das zwölfte Thema ist „unermesslich". Sobald wir das Aufhören wirklich erfahren, wird uns klar, dass alles, was es zu überwinden gilt, überwunden ist. Wir erreichen einen ultimativen Zustand von Frieden, Entspannung und Offenheit, in dem uns die samsarische Welt nicht länger zu schaffen macht. Dieses Unermesslichkeitsthema beinhaltet mehrere weitere Aspekte von Gokpa. Die Reihenfolge dieser Gokpa-Definitionen beruht auf keinem bestimmten Ordnungsprinzip, sondern ist recht unsystematisch.

VERZICHT. Die erste Definition ist Verzicht, oder Entsagung. In Verzicht haben Sie sich bereits geübt und so einen Zustand erreicht, in dem Sie nicht länger zu versuchen brauchen, auf etwas zu verzichten – schließlich sind Sie ja längst an diesem Punkt angelangt. Das ist ähnlich wie bei jemandem, der das Rauchen aufgegeben und nicht mehr das leiseste Verlangen danach hat, nochmals zu einer Zigarette zu greifen; oder wie bei einem Alkoholiker, der zu einem Abstinenzler ohne jedes Verlangen nach Alkohol geworden ist. Das Objekt Ihres Begehrens haben Sie aufgegeben und den Zustand von Gokpa erreicht.

VOLLSTÄNDIGE REINIGUNG. Die nächste Definition lautet: vollständige Reinigung. Nirgendwo auf Ihrer zum Erreichen des Zustands von Gokpa hinführenden Reise gibt es noch irgendwelche Hindernisse – alles ist gereinigt.

ERSCHÖPFT. Gokpa wurde auch als „erschöpft" beziehungsweise als der Erschöpfungsprozess bezeichnet. Es ist das Erschöpfen von subtiler Neurose und von offensichtlicher Neurose, beides gleichzeitig. Alles ist gründlich erschöpft: eine Art Bankrott auf sämtlichen Neuroseebenen.

LEIDENSCHAFTSLOSIGKEIT. Gokpa ist Leidenschaftslosigkeit, und diese ist die grundlegende Definition von Dharma.

AUFHÖREN. Sobald wir den Zustand von Gokpa erreicht haben, gibt es Aufhören, da weder Verlangen noch Aggression vorhanden ist. Genauer gesagt besteht kein Verlangen, weitere Verstrickungen in die samsarische Welt einzuleiten.

VOLLKOMMENER FRIEDE. Gokpa ist vollkommener Friede, der mit der Vorstellung von Energie einhergeht. Nicht so, dass jemand tot ist und wir, wie in der Formel: „Ruhe in Frieden", auf den Grabstein des oder der Verstorbenen schreiben, dass dieser Mensch seine letzte Ruhe gefunden hat. Buddhisten haben eine andere Vorstellung von Frieden, als es in der theistischen Welt der Fall sein mag. Frieden ist energiegeladen, verfügt über enorme Kraft und Energie. Darin liegt im Grunde die Quelle eines Sinns für Humor, der gleichfalls eine Definition von Aufhören ist.

ABNEHMEND. Die letzte Definition beinhaltet, was als abnehmend beziehungsweise als im Nieder- oder Untergehen begriffen sein bezeichnet wird, etwa beim Sonnenuntergang. Abnehmen bedeutet hier, die Hoffnung aufgeben, nicht an der Möglichkeit des Sonnenaufgangs festhalten. Sie geben all die Neurosen und Probleme der vorangegangenen elf Möglichkeiten vollständig auf.

Betrachten wir die Anschauung des Aufhörens und die unterschiedlichen Definitionen von Gokpa, kommt es darauf an, dass wir wissen, wie wir von diesen Konzepten und Vorstellungen Gebrauch machen können. Alles in allem bedeutet Aufhören, dass man über die Wirren und die Probleme des Lebens, ferner über die damit einhergehenden Neurosen hinausgelangt. Allerdings bemühen wir uns so angestrengt, über all das hinauszugelangen, dass wir dazu außerstande sind. Denn gerade aufgrund solchen angestrengten Bemühens sind wir ja überhaupt erst in diese missliche Lage geraten. Eindeutig der wichtigste Punkt in Bezug auf das Aufhören ist also

Nummer elf, „über alles hinausgehend": das Transzendieren von Samsara wie von Nirvana. Indem wir über die samsarischen wie auch die nirvanischen Möglichkeiten von Verwirrung hinausgehen, lassen wir zugleich das Aufhören selbst hinter uns. Daher haben wir nun nichts mehr, woran sich festhalten ließe. Aber solch eine „Haltlosigkeit" könnte zu einem sehr kraftvollen Ausdruck des Aufhörens werden.

Das Aufhören können wir tatsächlich erreichen, sofern wir uns nicht persönlich darin verwickeln. Wollen wir hingegen dem eigenen Aufhören zuschauen, kurbeln wir, im Namen der Freiheit, lediglich den Kreislauf von Samsara aufs Neue an. Wir kehren zum ersten und zum zweiten Nidana zurück: zu Unwissenheit und willentlichem Handeln. Wenn wir es jedoch unterlassen, irgendetwas vom persönlichen Ego mit hineinzubringen, auf ein persönliches Bankkonto verzichten, erreichen wir allmählich wirkliches Aufhören. Auf lange Sicht wäre das die beste Investition für uns. Allerdings erweckt es den Anschein, ein schlechtes Geschäft zu sein. Denn einen rechtsverbindlichen Vertrag, der uns schützt, kann es nicht geben – wir existieren nicht mehr!

Aufhören

DIE VIERTE EDLE WAHRHEIT

Die Wahrheit des Weges

Der Weg sollte verwirklicht werden

NEUNTES KAPITEL

Der von Zweifel freie Weg

Seiner Natur nach gleicht der Weg eher einer Forschungs- oder Erkundungsreise als einer fertig ausgebauten Straße, die man einfach entlanggeht. Wer hört, er solle dem Weg folgen, könnte meinen, da existiere bereits ein fertig ausgearbeitetes System. Erst einmal zu einem individuellen Ausdruck zu gelangen sei also nicht nötig. Etwas aufzugeben, auf etwas zu verzichten oder sich zu öffnen, so meinen Sie vielleicht, sei eigentlich gar nicht notwendig. Dessen ungeachtet wird Ihnen, sobald Sie sich dann aber tatsächlich auf den Weg begeben, klar werden, dass Sie den Dschungel mitsamt all den Bäumen und dem Unterholz lichten und all die Hindernisse, auf die Sie stoßen, beseitigen müssen. Um Tiger, Elefanten und Giftschlangen gilt es einen weiten Bogen zu machen.

D<small>IE VIERTE EDLE</small> W<small>AHRHEIT</small> ist die Wahrheit des Weges. Die Beschaffenheit des Weges hängt von Ihnen ab: In gewisser Weise ist er Ihr Werk. Allerdings gibt es Leitlinien. Ihr Lehrer gibt Ihnen eine Art Bausatz an die Hand. Von ihm erhalten Sie das gesamte Rüstzeug, das Sie benötigen; ferner vermittelt sie oder er Ihnen all die Einstellungen, die Sie brauchen. Dann werden Sie hinaus in den Dschungel geschickt und müssen dort mit Ihrer Notausrüstung leben. Mitten in diesem samsarischen Dschungel müssen Sie zu überleben lernen, damit Sie auf der anderen Seite herauskommen.

Der Verlauf des Weges

Begeben Sie sich auf den Weg, so stoßen Sie in einem folgerichtig verlaufenden Prozess auf Vergänglichkeit, auf Leid, Leerheit und

Ichlosigkeit. In alldem könnte man entweder ein Problem oder eine Verheißung sehen. Grundsätzlich sollten Sie allerdings, wenn Sie die Reise auf dem Weg antreten, darüber Bescheid wissen, was Sie erwartet und womit Sie zurechtzukommen haben.

Die Vorstellung von Ewigkeit überwinden

Als Erstes gilt es die Vorstellung von Ewigkeit zu überwinden. Sich im Fall des nichttheistischen Buddhadharma-Weges auf die Suche nach Ewigkeit zu begeben könnte problematisch werden. Um über die Vorstellung von Ewigkeit hinauszugelangen, haben wir daher das Verständnis von Vergänglichkeit. Dieses Verständnis, die Weisheit der Vergänglichkeit, bezieht sich auf alles, was wird, was geschieht oder was zusammengesetzt ist. All das hat nur vorübergehend Bestand.

Das Streben nach Freude überwinden

Als Nächstes gilt es unser unaufhörliches Streben nach Freude zu überwinden. Das Streben nach Freude, gleichgültig ob schlichte oder nur mit einigem Aufwand erreichbare Freuden, steht bei uns ständig im Vordergrund und ist mit dem Problem des spirituellen Materialismus verknüpft. Die Losung: „Alles ist aufgrund von Vergänglichkeit stets schmerzlich und wird zum Gegenstand leidvoller Erfahrungen", hilft uns, dieses Weg-Hindernis zu überwinden.

Sich darüber klar werden, dass Leerheit möglich ist

Sobald Sie leiden, überkommt Sie ein Gefühl von Verzweiflung. Denn die außerhalb von Ihnen existierenden Dinge, das beginnen Sie nun zu begreifen, sind ebenso wie die in Ihnen existierenden Dinge der Vergänglichkeit und dem Leid unterworfen. Möglicherweise gibt es Leerheit. Das wird Ihnen klar. Ein klaffendes Nichts tut sich da auf – schlicht und einfach nur Leerheit. Im Innersten sind die Dinge leer und nichtexistent.

Auf Ichlosigkeit stoßen

Nachdem Sie der Leerheit gewahr geworden sind, beginnen Sie auch zu begreifen, dass es da niemanden gibt, der an solch einer

Einsicht festhalten oder solch eine Erfahrung würdigen könnte. Sie stoßen auf Ichlosigkeit. „Ich" verweist auf die Vorstellung von jenem Selbst, das wir stets spüren, auf ein dem eigenen Empfinden zufolge vorhandenes Zentrum. Eine im spirituellen Sprachgebrauch weit verbreitete Vorstellung besagt, man „zentriere sich". Von Aufgeben oder Verzichten ist hingegen nicht die Rede. Eher klingt es so, als gebe es da in Ihnen einen kleinen Beutel für Essensreste, in dem Sie alle Überbleibsel zurückbehalten. An die Stelle eines selbst-losen Zentrums tritt auf diese Weise aber wieder das Empfinden eines individuellen Daseins. Das macht solch eine „Zentrierung" problematisch. Ein in dem Sinn sehr volles, klar umrissenes, stabiles und konkretes Zentrum nennt man „ich".

Sind Sie erst bei einem derart stabilen Empfinden von Istheit angelangt, haben Sie keinen Weg mehr. Vor solch einem Problem zu stehen bedeutet zugleich jedoch: Sie haben etwas, woran es zu arbeiten gilt. Um Ihren Feldforschungen nachgehen zu können, brauchen Sie indes weder einen zentralen Hauptsitz noch eine Bürokratie der Meditationstechniken. Das versucht der Buddhismus Ihnen zu vermitteln. Würde basiert nicht auf „selbst" und „andere". Vielmehr entsteht sie, indem der Himmel auf die Erde herabkommt. Und je mehr Sie loslassen, umso mehr Würde kann sich zeigen.

Vier Qualitäten des Weges

Der Weg ist anhand von vier Eigenschaften beschrieben worden: Weg, Einsicht, Praxis und Ertrag. Seiner Natur nach gleicht der Weg letztlich eher einer Forschungs- oder Erkundungsreise als einer fertig ausgebauten Straße, die man einfach entlanggeht. Wer hört, er solle dem Weg folgen, könnte meinen, da existiere bereits ein fertig ausgearbeitetes System. Erst einmal zu einem individuellen Ausdruck zu gelangen sei also nicht nötig. Etwas aufzugeben, auf etwas zu verzichten oder sich zu öffnen, so meinen Sie vielleicht, sei eigentlich gar nicht notwendig. Dessen ungeachtet wird Ihnen, sobald Sie sich dann aber tatsächlich auf den Weg begeben, klar werden, dass Sie den Dschungel mitsamt all den Bäumen und dem Unterholz lichten und all die Hindernisse, auf die Sie stoßen, beseitigen müssen. Um Tiger, Elefanten und Giftschlangen gilt es einen weiten Bogen zu machen.

Die Einsicht, dass Sie sich tatsächlich durch diesen Dschungel des samsarischen Chaos Ihren Weg bahnen müssen, mag schockierend sein, unter Umständen ist solch ein Schock jedoch genau das Richtige, und er tut Ihnen gut. Wenn Sie hingegen überhaupt nicht verstehen, dass der Weg solch eine Beschaffenheit hat, und wenn Sie stattdessen meinen, alle möglichen Segnungen würden Ihnen einfach so zuteil, macht es im Grunde keinen Sinn, überhaupt einen Weg zu haben. Solch ein Weg würde Sie nicht weiterbringen. Vielmehr wäre dies, als würden Sie sich einfach Ihre Fahrkarte kaufen, sie bei Antritt der Reise vorzeigen, Ihr Gepäck aufgeben und sich an Ihren Platz bringen lassen, um sich dort dann gelangweilt hinzusetzen. Und schließlich würde jemand durchsagen, Sie seien bereits am Ziel Ihrer Reise angelangt und könnten nun aussteigen. Bei solch einem Ansatz hat man das Gefühl, übers Ohr gehauen zu werden. Eine Entwicklung findet überhaupt nicht statt. Tatsächlich ist der Weg aber dazu da, dass Hindernisse beseitigt werden; und er soll bewirken, dass Sie bestimmte Muster oder Qualitäten entwickeln. Das bedeutet richtig harte Arbeit.

1. Weg: auf Suche nach der wirklichen Bedeutung von Soheit

Der Weg ist wahrhaftig ein Weg. Darin besteht seine erste Eigenschaft. Er beinhaltet eine Suche nach der tatsächlichen Bedeutung des Dharma, der wirklichen Bedeutung von Istheit oder Soheit. Allerdings versuchen Sie nicht, Istheit genau zu bestimmen – und falls Sie versuchen, sie *nicht* genau zu bestimmen, tun Sie ebendies bereits. Solch eine Feststellung geht freilich über das Hinayana hinaus und ist eher schon typisch für Zen. In dem buddhistischen Sprachgebrauch, der sich herausgebildet hat, bezeichnet Soheit oder Istheit etwas, das voll und ganz da ist. Soheit oder Istheit steht mit der Wiederentdeckung der Buddha-Natur in Zusammenhang.

2. Einsicht: durch Klarheit über Neurose hinausgelangen

Der Weg ist ein Weg der Einsicht. Darin besteht seine zweite Eigenschaft. Grundlage für die Reise, die Sie zurücklegen, und die Disziplin, die Sie auf sich nehmen, sind die Praxis der Sitzmeditation und die im Alltag gewonnene Lebenserfahrung. Beides soll helfen, über alles Neurotische hinauszugelangen. Ohne Verstand und ein gewisses Bemühen scheint dies allerdings nicht möglich zu sein. Das mag den Eindruck erwecken, als hätten wir es hier mit einem ziemlich zielorientierten Ansatz zu tun. Auf der Stufe des Hinayana gibt es dazu allerdings keine Alternative. Die Praxis der Sitzmeditation beruht auf Shamatha-Disziplin, die für enorme Klarheit sorgt. Und zugleich sorgt sie für die Fähigkeit, mit Situationen in präziser, umfassender und vollendeter Weise umzugehen. Jede auftauchende Neurose wird überaus klar und deutlich sichtbar – und wann immer, zum jeweils passenden Zeitpunkt, eine bestimmte Neurose zum Vorschein kommt, wird die betreffende Neurose selbst zum Sprachrohr für die Entwicklung weiterreichender Klarheit. Demnach erfüllt eine Neurose zwei Aufgaben: den Weg zu weisen und zutage treten zu lassen, welch selbstmörderischer Charakter ihr zu eigen ist. Unter Einsicht verstehen wir also: die Beschaffenheit der Dharmas erkennen, so wie sie sind.

3. Praxis: zu grundlegendem Gesundsein in Verbindung treten

Die dritte Eigenschaft des Weges bezeichnen wir als Praxis. Die Praxis versetzt uns in die Lage, mit falschen Vorstellungen vom Dharma umzugehen, mit derjenigen des Eternalismus oder des Nihilismus beispielsweise. Sobald Sie es verstehen, mit der Sitzmeditation umzugehen, und mit solch einer spezifischen Erfahrung vertraut sind, stellen Sie fest, dass Sie bei der Praxis des Sitzens keineswegs Ihr Durchhaltevermögen demonstrieren und auch gar nicht unter Beweis stellen sollen, wer der beste Junge oder das beste Mädel ist. Vielmehr geht es bei der Meditationspraxis darum, wie Sie zu einem Felsen oder zu einem Ozean werden können – zu einem lebendigen Felsen beziehungsweise zu einem lebendigen Ozean.

Indem wir sitzen, können wir viele Dinge in uns aufnehmen, und wir können viele Dinge zurückweisen. Dessen ungeachtet verändern die Dinge sich nicht sonderlich. Hier geht es um eine umfassendere Herangehensweise an das Leben. In alltäglichen Situationen haben wir vielleicht den Eindruck, außerordentlich gewitzt zu sein und sehr wohl zu wissen, was wir tun. Geht es um unser Familienleben, haben wir vielleicht das Gefühl, wir hätten alles unter Kontrolle. Wir wissen, wie wir Flugtickets buchen oder per Anhalter durchs ganze Land reisen können. Auch wenn wir möglicherweise das Gefühl haben, wir hätten alles unter Kontrolle – oder wir haben nicht dieses Gefühl und wünschen uns, es wäre so – bleibt trotzdem vieles unklar. Solche Unklarheiten lassen sich nicht aus der Welt schaffen, indem man einfach Punkt für Punkt eine Liste durchgeht. Unsere Liste wird dann nämlich so lang, dass es einen immer größer werdenden Energieaufwand erfordert, die ganze Angelegenheit zu handhaben.

Im Unterschied dazu werden Sie bei der Praxis der Sitzmeditation wie ein Fels, wie ein Ozean. Eine Liste brauchen Sie dabei nicht durchzugehen, sondern Sie *sind* einfach, sind einfach *da*. Auf die Ihnen eigene Weise dringen Sie zu einem Verständnis vor und werden bewegungslos. *Seien* Sie einfach so. Das bringt Ihnen nicht sonderlich viel ein, verhilft Ihnen jedoch zu einem Empfinden von Zufriedenheit, Klarheit und enormer Würde. Durch die Meditationspraxis treten Sie zu dem grundlegenden Gesundsein in Verbindung, das sich unablässig manifestiert. Die Praxis spielt also eine ganz wichtige Rolle.

4. Ertrag: dauerhaftes Nirvana

Bei der vierten Eigenschaft geht es um Verwirklichung, um die Früchte des Weges, um seinen Ertrag. In der Hinayana-Herangehensweise an das Leben drückt man dies durch die Vorstellung von dauerhaftem Nirvana aus. Dauerhaftes Nirvana bedeutet, dass wir gelernt haben, welche Lehren wir aus den Neurosen und all den Tricks und Kniffen zu ziehen haben, die dauernd auf unsere Kosten gehen und zugleich von unseren Schwächen zehren. Und haben wir diese Lektion erst einmal gelernt, werden wir wahrscheinlich nicht erneut in die gleiche Handlungsweise verfallen. Entsprechendes gilt für unsere Gewohnheitsmuster – es sei denn, sie haben schon richtiggehend krankhafte Formen angenommen.

Ganz gewöhnliche kleine Gewohnheitsmuster werfen uns an diesem Punkt allerdings nach wie vor immer wieder zurück, selbst wenn wir unsere Lektion gelernt haben. Solche kleinen Gewohnheiten mögen zwar größeren Fehlern ähnlich sehen, trotzdem sind sie nicht sonderlich problematisch. Jedenfalls begehen wir, die Vorstellung von Verwirklichung bringt es zum Ausdruck, nicht mehr immer wieder solche gröberen Fehler. Zum Beispiel wollen wir nicht länger erlöst beziehungsweise gerettet werden, wir wollen nicht total euphorisch sein oder uns unbedingt jeden Wunsch erfüllen. Aus den Fehlern haben wir gelernt. Daher unternehmen wir keine Anstalten, denselben Fehler ein weiteres Mal zu begehen.

Ist man, was die Beschaffenheit des Weges angeht, erst zu einem umfassenden Verständnis gelangt, scheint er ein von Zweifeln freier Weg zu sein. Das bedeutet indes keineswegs, dass Sie nun nichts mehr in Frage stellen. Dinge zu hinterfragen steht mit dem von Zweifeln freien Weg sehr wohl in Einklang. Der Zweifel zählt auf diesem Weg zu Ihrem methodischen Rüstzeug. Dinge in Frage zu stellen ist unbedingt notwendig. Keinesfalls sollte man zu leichtgläubig sein. Ständiger Zweifel ist sehr gut – ein echtes Glanzlicht, ähnlich einem Davidstern. Zugleich führt der Weg jedoch über jeden Zweifel hinaus. Verwirklichung bedeutet, zu wissen, dass wir zu guter Letzt eine Richtung haben, ungeachtet all der Kleinigkeiten, die uns immer wieder ausflippen lassen. Wir sagen nicht länger solche Dinge wie: „Dieser Weg ist zwar besser als andere, etwas anderes wird aber womöglich noch besser und angenehmer sein", weil wir uns von dieser Vorstellung der Annehmlichkeit frei gemacht haben. Von Vorstellungen wie derjenigen, dass etwas ewig existiert oder dass wir es uns im eigenen Ich gemütlich einrichten können, haben wir uns ebenfalls gelöst. All das ist nun durchtrennt.

ZEHNTES KAPITEL

Die fünf Pfade

Wirklich vorhanden ist der Weg erst, wenn Sie ihm zur Verfügung stehen. Sie sind gleichsam der für den Straßenbau zuständige Arbeiter, der Landvermesser und der Reisende, alles zur gleichen Zeit. Während Sie Ihren Weg zurücklegen, wird die Straße gebaut, vermessen, und Sie werden zu einem Reisenden.

Zwischen der ersten edlen Wahrheit und der letzten Edlen Wahrheit besteht aus Sicht des Praktizierenden ein interessanter Zusammenhang: Die Erste Edle Wahrheit könnte man als die Grundlage bezeichnen, auf der die Vierte Edle Wahrheit beruht. Die Einsicht in das Leid führt, mit anderen Worten, zu einem gewissen Verständnis und zur Entdeckung des Weges. Wenn wir das Wort *Weg* hören, das ist hier das Problem, meinen wir automatisch, die Straße sei bereits fertiggestellt, wie auf der Autobahn hätten wir freie Fahrt und könnten die Strecke nun in einem Stück zurücklegen. Mit dieser Vorstellung, bereits einen Weg zu haben, wird man es sich möglicherweise aber gar zu bequem machen. Dann meinen Sie, sich nicht entscheiden zu müssen, welchen Weg Sie einschlagen werden, weil der Weg ja bereits vorhanden sei – es gebe einfach *den* Weg. Solch eine Einstellung scheint auf ein Missverständnis beziehungsweise auf eine gewisse Feigheit seitens des Schülers zurückzugehen. Wirklich vorhanden ist der Weg jedoch erst, wenn Sie ihm zur Verfügung stehen. Sie sind gleichsam der für den Straßenbau zuständige Arbeiter, der Landvermesser und der Reisende, alles zur gleichen Zeit. Während Sie Ihren Weg zurücklegen, wird die Straße gebaut, vermessen, und Sie werden zu einem Reisenden.

Eine andere Art von Weg dagegen, über den Sie Bescheid wissen sollten, *ist* bereits für Sie gebaut worden. Man nennt ihn den „allgemein gültigen Weg" oder den „allen gemeinsamen Weg". Werturteile und moralische Maßstäbe sind auf dem allgemein gültigen Weg bereits entwickelt worden: zum Beispiel die Werte der Demokratie, die Vorstellung von einem guten Mann beziehungsweise einer guten Frau oder diejenigen Verhaltensstandards, die für Sozialpädagogen Gültigkeit haben – Sie bewerben sich einfach, werden Mitarbeiter und gehen zur Arbeit. Dem Weg des gesunden Menschenverstandes zufolge sollte man höflich sein, vermag man mit guten Manieren immer etwas auszurichten und werden gutherzige Menschen stets geliebt. Buddhistische Weisungen wie: „Sei Herr deiner Sinne, meistere deinen Geist, übe dich in Selbsterkenntnis", könnte man ebenfalls dazu zählen. Auf dem allgemein gültigen spirituellen Weg legt man hauptsächlich darauf Wert, ein seelisches Hochgefühl und viel Übung in der Meditation zu erlangen. Indem Sie die Aufmerksamkeit auf eine Kerzenflamme richten, könnten Sie sich geistig sammeln, einen Zustand von *Samadhi* erreichen und das Eine erfahren, den Götterbereich.

Der allgemeine Weg kommt dem buddhistischen Weg zwar weder an Genauigkeit noch an Tiefgründigkeit gleich, dennoch sollte man sich keineswegs über ihn lustig machen. Als Buddhisten halten wir uns auch an allgemein gültige Regeln und Vorschriften. Zum Beispiel begehen wir keinen Ladendiebstahl, sondern bezahlen für das, was wir einkaufen wollen.

Aus der Perspektive des Dharma spielen derartige Normen allerdings eine eher untergeordnete Rolle. Ihnen gilt nicht unser Hauptaugenmerk. In vielen Schriften, so auch in den Sutras, heißt es, der allgemein gültige Weg sei der Ausgangspunkt für Schüler, die ganz von vorne anfangen. Wenn Schüler die Welt mit ganz unbedarften Augen betrachten, einen naiven Zugang zur Spiritualität haben, dann ist moralisch einwandfreies Verhalten das Thema, dann ist Frieden das Thema; glückselige Samadhi-Zustände sind das Thema. Darum versuchen die Betreffenden diese Dinge zu kultivieren. Aus dem buddhistischen Blickwinkel betrachtet, verweilt man so allerdings in *Devaloka*, im Götterbereich. Wer Zustände meditativer Versenkung, Jhana-Zustände, kultiviert, findet eigentlich, anstatt sich mit ganzem Herzen auf den Weg zu begeben, eher an der Reklame Gefallen. Diese Art von Konventionalität hält man im Buddhismus für überflüssig. Das ist das Außergewöhnliche an der buddhistischen Herangehensweise. Statt den Versuch zu unternehmen, die Jhana-Zustände zu kultivieren, wenden Sie sich auf dem buddhistischen Weg unmittelbar dem Geist zu – einem Geist, der Gewahrsein, Offenheit, Schmerzlichkeit oder was auch immer sonst entwickelt.

Der Weg hat viele Abschnitte. Zunächst einmal umfasst er zahlreiche Stufen, dann wird er zur Landstraße und schließlich zur Autobahn. Zu Beginn ist der Weg ein Fußweg, ein schmaler Saumpfad. Am Anfang müssen wir uns viel stärker einschränken und zügeln als am Ende. Wir sollten einen Sinn für Verzicht entwickeln. Würden wir gleich nach dem Verlassen des Hauses in eine Luxuslimousine steigen und die Straße entlangfahren, hätten wir im Grunde gar nicht den Eindruck, eine Reise zurückzulegen; wir hätten nicht das Gefühl, etwas zu geben. Verzicht ist darum außerordentlich wichtig. Wir müssen unserem Zuhause entsagen: unserer kuscheligen, behaglichen samsarischen Welt.

Es gibt zwei Arten von Verzicht: echtes Werden und Zufriedenheit. Die erste Art von Verzicht wird auf Tibetisch *Nge-djung* genannt: *Nge* bedeutet „wirklich" oder „echt", und *djung* bedeutet „werden" oder „geschehen"; *Nge-djung* heißt also „wirkliches Werden". Verzicht ist wahrhaftig, real, eindeutig. Die samsarische Welt, in der wir gelebt haben, ist uns zuwider, wir sind sie leid. Die zweite Art von Verzicht beinhaltet eine Art Zufriedenheit, auf Tibetisch *Chok-she* genannt. *Chok* bedeutet „sich zufrieden geben", „Zufriedenheit" oder „genug"; und *she* bedeutet „Wissen". Wir wissen, dass die Dinge uns so, wie sie sind, genügen. Weitergehende Ansprüche stellen wir nicht, und wir bestehen nicht darauf, in den Genuss all der ortsüblichen Annehmlichkeiten zu gelangen, sondern geben uns damit zufrieden, in Armut zu leben – womit freilich keine seelische Armut gemeint ist. Denn Praktizierende sollten Großzügigkeit empfinden und sich reich fühlen.

Traditionell unterscheidet man fünf Pfade: den Pfad der Ansammlung, den Pfad der Verbindung, den Pfad des Sehens, den Pfad der Meditation und den Pfad des Nicht-mehr-Lernens.[14]

1. Der Pfad der Ansammlung

Als erstes macht man sich mit den Unterweisungen und dem Lehrer vertraut. Darauf beruht der Pfad der Ansammlung. Sich mit den Unterweisungen vertraut zu machen kostet Sie viel harte Arbeit. Das die Stufe eines Laien beziehungsweise eines Anfängers. Die buddhistischen Lehren sind Neuland für Sie, und in der Meditation sind Sie noch nicht sehr geübt. Deshalb beginnen Sie den Weg auf der ersten Stufe – aber natürlich tut man gut daran, ganz von Grund auf zu beginnen. Zum allgemein gültigen Weg müssen Sie zwar nicht zurück; das bedeutet freilich nicht, dass Sie gegen Recht und Gesetz verstoßen, dass Sie ein Krimineller oder dergleichen werden. Vielmehr ist Ihre Einstellung ganz einfach und unmittelbar. Obgleich Sie Anfänger sind, basiert Ihr Zugang zum Weg nicht auf den herkömmlichen Kriterien von Gutheit und Schlechtheit. Wohlverhalten an den Tag zu legen oder ein guter Mensch zu werden ist auf dem Weg des Dharma nicht der entscheidende Punkt. Die Frage des Gutseins oder Schlechtseins ist kein für den Bereich des Dharma spezifisches Thema. Dharma hat mit grundlegendem Gesundsein zu tun, mit der Frage von Klarheit oder Verwirrung. Der Dharma ist eher psychologisch ausgerichtet und orientiert sich nicht so sehr an Verhaltensmustern.

Der erste Pfad, der Pfad der Ansammlung, beinhaltet, dass Sie als Laie in den Lehren Fuß fassen. Wenn Sie schließlich in den Lehren Fuß gefasst haben, treten Sie Ihre aufwärts führende Reise an. Der tibetische Ausdruck für den Pfad der Ansammlung lautet *Tsog-lam*. *Tsog* (oder *Tsok*) bedeutet „Gruppe", „Ansammlung" oder „Zusammenkunft". *Lam* bedeutet „Pfad". Auf dem Pfad der Ansammlung arbeiten wir an uns selbst und sind inspiriert, Opfer zu bringen. Indem wir uns eine positive Einstellung zu eigen machen und gute Taten vollbringen, sammeln wir positive Handlungsqualitäten an, Verdienst. Wir kultivieren Einfachheit und Verzicht.

Auf dem Pfad der Ansammlung opfern wir auch unseren Geist; wir lassen, mit anderen Worten, unseren Gedankenprozessen oder unserem unbewusst vonstatten gehenden geistigen Geplapper nicht länger einfach freien Lauf. Dem entsagen wir mittels der ganz grundlegenden und gewöhnlichen Disziplin der Shamatha-Praxis. Wann immer wir eine gescheite Idee haben, wie wir dieses oder jenes anpacken können, wann immer wir *irgendeinen* Wunsch haben, versuchen wir normalerweise ganz automatisch, dem nachzukommen. Am liebsten würden wir sozusagen den Kühlschrank plündern. Wir wollen Apfelsaft haben, Orangensaft, Hüttenkäse, Eiswasser – alles Mögliche, damit uns bloß nicht langweilig ist. Durch Shamatha entdecken wir, dass wir keineswegs voreilige Schlüsse ziehen oder rein impulsiv handeln müssen. Indem man sich solch einem Prozess der geistigen Disziplin unterzieht, gibt man all diesen Impulsen nicht länger nach.

Das Mantra der Erfahrung

Eine der Übungen auf dem Pfad der Ansammlung nennt man das „Mantra der Erfahrung". Bei dieser Übung wiederholen Sie die Vier Edlen Wahrheiten auf viererlei Weise; Sie rezitieren die sogenannten „sechzehn Anrufungen". Und weshalb rezitiert man das Mantra der Erfahrung? Um das Gefühl der Identifikation mit der Praxis und den Unterweisungen, die Sie kennengelernt haben, zu bekräftigen. Hier geht es darum, wirkliche Überzeugung, *Ngepar shepa*, aufzubauen. *Ngepar shepa* ist nicht einfach nur gewöhnliche Überzeugung, sondern wirkliche Überzeugung – etwas voll und ganz wissen. Auf dieser Stufe, dem Pfad der Ansammlung, sind Sie stolz darauf, zum ersten Mal etwas von den Vier Edlen Wahrheiten in ihrer absoluten Bedeutung gehört zu haben. Dieser starke Stolz ist zwar vorhanden, aber noch unterentwickelt. Den sechzehn Anrufungen liegt also die Idee zugrunde, Ihre Identifikation mit den Lehren zu stärken.

Wer das Mantra der Erfahrung praktiziert, durchschneidet die Möglichkeit einer Wiedergeburt in den niedrigen Daseinsbereichen an der Wurzel. Daher handelt es sich hierbei um eine sehr wichtige und tiefgründige Übung. Indem Sie diese Anrufung rezitieren, nähern Sie Ihre Wirklichkeitsvorstellung viel stärker an die Wahrheit an. Im Hinayana, das ist ein besonders schöner Aspekt dieser Lehre, streben Sie kein höheres Ziel an. Vielmehr lernen Sie einfach nur, mit Ihrer Konfusion klüger umzugehen. So stellen Sie allmählich fest, wie Sie der Freiheit näher kommen. Nach und nach zeichnet sich für Sie tatsächlich eine Alternative zu Samsara ab.

Das Mantra der Erfahrung zu rezitieren hat weder etwas mit Magie zu tun noch damit, dass man den Geist zur Ruhe kommen lassen will. Vielmehr sind Sie, je länger Sie über dieses Mantra nachsinnen, umso mehr davon überzeugt, dass es wahr ist. Das hat Ähnlichkeit mit einer Gehirnwäsche. Herausgewaschen aus Ihrem Gehirn wird dabei das Ich. Durch die Mantra-Rezitation wird das ganze Dasein zu einer Manifestation von Wahrheit oder Befreiung, und Sie können sich mit ihm in seiner Gesamtheit identifizieren.

Die erste Gruppe der Anrufungen heißt: Die Wahrheit vom Leid sollte erkannt werden; Die Entstehung von Leid sollte vermieden werden; das Ziel sollte erreicht werden; der Weg sollte verwirklicht werden.[15]

Die zweite Gruppe der Anrufungen lautet: Das Leid sollte als etwas Vergängliches erkannt werden, der Ursprung des Leids sollte als etwas Vergängliches erkannt werden, das Ziel sollte als etwas Vergängliches erkannt werden; der Weg sollte als etwas Vergängliches erkannt werden.

Die dritte Gruppe heißt: Das Leid sollte klar erkannt werden; der Ursprung des Leids sollte klar erkannt werden, das Ziel sollte klar erkannt werden, der Weg sollte klar erkannt werden.

Und schließlich die vierte Gruppe der Anrufungen: Kein Leid, kein Ursprung des Leids, kein Ziel, kein Weg.

Durch die erste Gruppe machen Sie sich mit der Logik vertraut, die den Vier Edlen Wahrheiten zugrunde liegt. Ferner erlauben die Vier Edlen Wahrheiten es Ihnen nicht, eine Sicherheit zu entwickeln, da sie ausnahmslos nur vorübergehende Erfahrungen sind. Das wird durch die zweite Gruppe deutlich. Nachdem Sie den übergangshaften Charakter jener Erfahrung erkannt haben, entwickeln Sie anhand der dritten Gruppe eine Identifikation mit diesen Wahrheiten, die klar und in angemessener Weise erkannt werden sollten. Im Grunde, das besagt die vierte Gruppe der Anrufungen, brauchen Sie nur an sich selbst zu arbeiten, um sich vom Leid zu befreien, seine Wurzel zu durchtrennen, sich von Ziel und Weg zu lösen. Darum gibt es kein Leid, keinen Ursprung, kein Ziel und keinen Weg. So lautet die abschließende Aussage der Vipashyana-Erfahrung: Die Wurzel der Verwirrung sollten wir vollständig durchschneiden.

Relative und absolute Wahrheit miteinander verbinden

Durch Übung in der Shamatha-Disziplin erkennen wir allmählich, wie vollgestopft unser Geist ist. Wenn wir allerdings unsere Leidenschaft, unser Anhaften und unser Verlangen nach allen möglichen Dingen untersuchen, sehen wir, dass da im Grunde genommen schlechte Arbeit geleistet wurde: Das Einzige, was wir finden, sind Gedankenmuster, Sandburgen, Papiertiger. Und auch wenn wir uns der eigenen Lethargie und Stumpfsinnigkeit überlassen, verschafft uns das, wie wir nun erkennen, weder Schutz noch Wohlbefinden. Indem wir uns die Gewohnheitsdenkmuster selbst nicht mehr abkaufen, beginnen wir Disziplin und Achtsamkeit zu entwickeln.

Auf dem Pfad der Ansammlung wird unsere Erfahrung der geistigen Abläufe sehr real. Leidenschaft, Aggression, Unwissenheit und all die unbewussten gedanklichen Aktivitäten, die sich in unserem Geist abspielen, werden ganz gewöhnlich und nachvollziehbar. Das führt zu wirklicher Einsicht in *Kündzop,* in relative Wahrheit. Beziehen wir uns auf die relative Wahrheit, dann schockiert unser Geist uns nicht länger. Wir beginnen die Einfachheit und die Wirklichkeit der Dinge zu erkennen. Wenn wir auf unserem Meditationskissen sitzen und praktizieren, begegnen wir allen möglichen Gedankenmustern und Begierden. Ob wir nun die eigene Biografie aufs Neue durchlesen, allerlei Entscheidungsmöglichkeiten entdecken und denken, dass wir besser aufstehen und gehen, und/oder ob wir denken, wir sollten lieber sitzen bleiben – all das ist in der relativen Wahrheit unserer Gedankenmuster enthalten.

Wenn wir sitzen und praktizieren, wird uns klar, was man als die durchscheinende Qualität von Raum und Zeit bezeichnet. Wie sehr wir unseren kleinen Dingen nachhängen, wird uns klar; und nichts von alldem, so erkennen wir weiter, wird für uns greifbar, nirgends können wir ein Haus darauf bauen. Nicht einmal das Fundament können wir legen. Unter unseren Füßen und unter unserem Sitzkissen bleibt die ganze Angelegenheit unablässig in Veränderung begriffen. Der Boden wird uns, einfach aufgrund der Erfahrung, die wir bei der Arbeit mit uns selbst machen, vollständig unter den Füßen weggezogen. Dabei gibt es allerdings niemanden, der ihn wegzieht. Dennoch stellen wir fest: Unablässig bewegt er sich. Und so überkommt uns das Gefühl, dass wir uns selbst bewegen.

Wird uns klar, dass wir die Phänomene gar nicht festhalten können, ist das die sogenannte „absolute Wahrheit", *Döndam*. Die Tatsache, dass wir uns nicht selbst an der Nase herumführen können, hat eine absolute Qualität. Wir können versuchen, unseren Lehrer, der uns dazu auffordert, uns hinzusetzen und zu meditieren, an der Nase herumzuführen. Und wir meinen vielleicht, den Dharma, der uns sagt: „Geh und setz dich hin. Das ist der einzig mögliche Weg", an der Nase herumführen zu können. Uns selbst können wir jedoch nicht an der Nase herumführen. Unsere Essenz können wir nicht zum Narren halten. Der Grund und Boden, auf dem wir sitzen, lässt sich ebenso wenig zum Narren halten. Das ist die zweifache Wahrheit von Kündzop und Döndam. Wenn Sie Kündzop und Döndam zusammenfügen und beide zu einer Einheit werden, ermöglicht Ihnen das einen praktischen Umgang mit den Dingen. Weder sind Sie zu sehr auf der Seite von Döndam, sonst würden Sie zu theoretisch werden, noch auf der Seite von Kündzop, sonst käme es Ihnen zu sehr auf Genauigkeit an. Wenn Sie beides miteinander verbinden, wird Ihnen klar, dass da kein Problem besteht. Die Verbindung aus Kündzop und Döndam funktioniert, weil sie einfach und dynamisch ist. Heißes Wasser steht Ihnen zur Verfügung, kaltes Wasser steht Ihnen ebenfalls zur Verfügung, und so können Sie wirklich gut duschen. Beides ist sehr wichtig, Kündzop genau wie Döndam. Sie dürfen sich nicht nur an eines von beiden halten. Indem Sie die Erfahrung machen, Kündzop und Döndam auf dem Pfad der Ansammlung miteinander zu verbinden, entwickeln Sie in der Praxis letzten Endes einen Sinn für Verzicht, Einfachheit, Zufriedenheit und Genügsamkeit. Das ist der erste der fünf Pfade, der Pfad der Ansammlung.

2. Der Pfad der Verbindung

Auf dem zweiten Pfad, dem Pfad der Verbindung, sind Ihre Handlungen und der jeweilige seelische Zustand allmählich immer besser aufeinander abgestimmt. Beim Sitzen in Meditation gewinnen Sie einen ersten Eindruck von Gesundsein, einen ersten Eindruck vom Bodhisattva-Weg. Als Pfad der Verbindung (*Dschor-lam* auf Tibetisch) wird der zweite Pfad deshalb bezeichnet, weil wir Geist, Körper und all unsere Bestrebungen miteinander in Übereinstimmung bringen. Hier gibt es fünf Kategorien: Vertrauen, freudige Anstrengung, Sammlung, Einsgerichtetheit und Intellekt.

Vertrauen

Tepa, die erste Kategorie, bedeutet „Vertrauen". In dem bisher Erreichten fühlen wir uns sehr stabil und zuversichtlich. Was wir getan haben, wissen wir zu schätzen. Was vermieden und was kultiviert werden sollte, ist uns klar. Mit anderen Worten: Unbewusstes Geplapper und Anhaften sollten vermieden, geistige Stetigkeit hingegen kultiviert werden. Tepa beinhaltet zugleich großes Entzücken. Uns ist klar, dass wir, was die eigene Praxis anbelangt, nicht im Dunkeln tappen. Wir wissen, vereinfacht gesagt, welche Richtung wir eingeschlagen haben, wo wir stehen und wohin wir gehen.

Freudige Anstrengung

Tsöndrü, die zweite Kategorie, bedeutet „freudige Anstrengung". Wenn wir uns darüber klar geworden sind, was wir tun, entwickeln wir Zuversicht. Wir begreifen die Istheit oder Soheit der uns mitgeteilten Wahrheit. Infolge der Shamatha-Disziplin erleben wir ein erhebendes Gefühl. Daraufhin wird unsere freudige Anstrengung nur noch größer. Wenn wir ein Gericht serviert bekommen, das uns gut mundet, und wir den Koch wie auch das Restaurant mögen, macht es uns nichts aus, das betreffende Gericht noch ein zweites, ein drittes oder ein viertes Mal zu essen, weil wir wissen, dass es gut sein wird. Immer wieder in dasselbe Restaurant zu gehen bereitet uns Freude. Entsprechend bedeutet freudige Anstrengung keineswegs, dass wir uns quälen. Vielmehr ist sie gleichbedeutend mit Wertschätzung. Wertschätzung macht die Dinge in zunehmendem Maß erfreulicher; und haben wir an etwas Freude, dann tun wir es immer wieder, selbst wenn außerordentliche Anstrengung damit verbunden ist. Auf dem Pfad der Verbindung wird unsere Shamatha-Praxis allmählich erfreulich. Darum üben wir uns immer wieder in ihr, ständig.

Sammlung

Trenpa, die dritte Kategorie auf dem Pfad der Verbindung, heißt wörtlich „Sammlung". Mit Sammlung ist gemeint: Was Sie getan und was Sie erlebt haben, gerät keineswegs in Vergessenheit, sondern bleibt Bestandteil Ihres Gewahrseins und Ihrer Achtsamkeit. Sie empfinden Achtung und wahre Wertschätzung für das, was Ihnen zuteil geworden ist und was Sie gerade tun. Sammlung beschreibt die lebendige Erfahrung dessen, was Sie getan haben, also Ihrer Praxis, wie auch dessen, was Sie sind, Ihres Geisteszustands. Sammlung ist ausgesprochen wach und präzise. Wenn Ihnen jemand mitteilt, dass es um fünf Uhr in der Küche eine Aufgabe für Sie zu erledigen gibt, dann ist das völlig unkompliziert: Sie tun es einfach. Das läuft ganz reibungslos.

Im Unterschied dazu könnte „Erinnerung" auf Sehnsucht nach Samsara fußen. Zum Beispiel könnten Sie eine schlimme Auseinandersetzung gehabt haben, und durch die Erinnerung daran können Sie auf eine fehlgeleitete Art und Weise Ihr ganzes Dasein aufrechterhalten. Möglicherweise schwelgen Sie auch in Sehnsucht nach Gutheit als einer Art seelischem Exzess. Solche Erinnerungen weisen irgendwann keine Lücken mehr auf, und so haben Sie keine Chance, präzise und klar zu sein.

Einsgerichtetheit

Tingdzin, die vierte Kategorie, bedeutet „Meditation" oder „Samadhi". Hier in diesem Fall verweist *Tingdzin* allerdings auf Einsgerichtetheit. Bei nichts verlieren Sie den Überblick, Sie entwickeln außerordentlich großes Gewahrsein. Ihr Geist gewinnt Punktgenauigkeit, wird sehr präzise. Sinneswahrnehmungen wissen Sie zu würdigen, ohne ihnen in die Falle zu tappen, und so werden diese für Sie auch nicht zur Ursache von samsarischen, von karmischen Problemen. Da Sie es verstehen, wahrzunehmen, das Wahrgenommene zu würdigen und sich geistig einsgerichtet zu sammeln, entwickeln Sie eine gewisse Gelassenheit.

Intellekt

Sherab, auf Sanskrit Prajna, die fünfte Kategorie, bedeutet in diesem Kontext „Intellekt". Sie verstehen, wie die Dinge betrachtet werden sollten, wie die unterschiedlichen Erfahrungen auseinanderzuhalten sind. Nach wie vor werden Sie vielleicht hin und wieder in Unruhe geraten – Zufriedenheit und Erfüllung empfinden oder mit Hindernissen und Zweifeln konfrontiert sein. Was es zu vermeiden gilt, können Sie von dem, was kultiviert werden sollte, jedoch eindeutig unterscheiden. Klarheit ist ebenso vorhanden wie Unterscheidungsvermögen.

Mit Hilfe der fünf Kategorien, die den Pfad der Verbindung kennzeichnen, können wir den Zusammenhang der Dinge wahren – so als würden wir die Stellung halten. Wir machen keine Erfahrung von Chaos, sondern bekommen mehr und mehr das Gefühl, dass alles miteinander zusammenhängt. Deshalb wird dieser Pfad als der Pfad der Verbindung bezeichnet.

3. Der Pfad des Sehens

Auf diesem Pfad entwickeln Sie zusätzliche Klarheit darin, die unterschiedlichen Herangehensweisen an die Wirklichkeit dem Buddhadharma gemäß zu erkennen beziehungsweise zu unterscheiden. Der Pfad des Sehens heißt auf Tibetisch *Thong lam. Thong* bedeutet „sehen" und *lam* wieder „Pfad" oder „Weg". Mit dem Pfad des Sehens gelangt man auf eine deutlich weiter fortgeschrittene Stufe als beim Pfad der Verbindung. Sie beginnen zu sehen, wie der Weg funktioniert und wie er auf Sie anwendbar sein könnte.

Die sieben Glieder der Erleuchtung

Zum Pfad des Sehens zählen sieben Kategorien, die auch als die sieben Glieder der Erleuchtung, oder als die sieben Glieder von *Bodhi,* bezeichnet werden: Sammlung, Unterscheidung der Dharmas, freudige Anstrengung, Freude, vollständige Schulung, Samadhi und Ausgeglichenheit. Die tibetische Bezeichnung dafür ist *Djangchub yenlak dün.* Darin bedeutet *Djangchub* „Erleuchtung", *yenlak* „Glied" und *dün* sieben.

SAMMLUNG. Das erste der sieben Glieder ist *Trenpa,* „Sammlung" (zuvor bereits beim Pfad der Verbindung als dritte Kategorie aufgeführt). Sammlung bedeutet, den Pfad des Sehens nicht zu vergessen: im Sinn zu behalten, dass der Blick nach vorne gewandt sein sollte. Sie treten nicht auf der Stelle, indem Sie versuchen, eine treu ergebene alte Person zu sein. Vielmehr entwickeln Sie weitergehenden Ehrgeiz; nicht in einem negativen Sinn, sondern in dem Sinn, dass Sie weiter vorankommen wollen. Solch ein Ehrgeiz wird durch Erinnerung, oder Sammlung, ausgelöst.

DIE DHARMAS AUSEINANDERHALTEN: Das zweite Glied steht mit *Sherab,* dem Intellekt, in Zusammenhang. Wie beim vorherigen Pfad ist Unterscheidungsvermögen vorhanden: ein Sinn dafür, die Dharmas auseinanderzuhalten und sich über die Istheit der Dinge im Klaren zu sein. Bei Erfahrungen gibt es keine Ungewissheit. Sherab, eine Qualität, die mit der Fähigkeit einhergeht, sich tatsächlich zu öffnen, benötigen Sie auf jedem der Pfade. Auf dem Pfad der Verbindung war Prajna lediglich partiell vorhanden, in embryonischer Form gewissermaßen. Hingegen reicht es auf dem Pfad des Sehens schon eher an vollendetes Prajna heran. Nach wie vor ist es jedoch nicht zu vergleichen mit dem weit höher anzusiedelnden vollkommenen Wissen der Paramita-Ebene.[16]

Freudige Anstrengung: Das dritte Glied ist *Tsöndrü*, „freudige Anstrengung", in diesem Fall, im Vergleich zu vorher, mit einer leicht abgewandelten Bedeutung. In dem unablässigen Bestreben, auf dem Pfad des Sehens die vorwärts gewandte Blickrichtung, Ihre Vision, weiter zu entfalten, richten Sie sich nie in aller Bequemlichkeit auf die momentan gerade vorliegende Situation ein. Sie haben den positiven Ehrgeiz, einer vorwärts gerichteten Vision zu folgen.

Freude: Das vierte Glied ist *Gawa*, „Freude". Sie sind in der Lage, sich um Ihren Körper und Geist zu kümmern. Hier haben wir es nicht mit einer Situation zu tun, in der Ihr Geist hoch entwickelt ist, während der Körper verrottet, oder in der Sie alles irgend Notwendige für den Körper tun, während der Geist verkümmert. Vielmehr stehen Körper und Geist in einer guten Beziehung zueinander, ja sie befinden sich in Einklang. Die samsarischen Scherereien im Umgang mit Geist und Körper beginnen abzuklingen. Sie verstehen es vollauf, mit Körper und Geist umzugehen, und darum entwickeln Sie einen Sinn dafür, was gesund ist. Sie wissen, wie Sie unnützen Ärger vermeiden können: Im Interesse von Geist und Körper sammeln Sie keinen weiteren Unrat an. Freude an Einfachheit beginnt sich zu entwickeln, außerdem ein Sinn für Genauigkeit, Wahrhaftigkeit und Deutlichkeit.

Vollständig geschult sein: Das fünfte Glied, *Shin-djang*, hat die Bedeutung „vollständig zur Ruhe gekommen sein" beziehungsweise „zur Gänze geschult sein". Ihr Körper und Ihr Geist sind völlig entspannt. Dank der Shamatha-Praxis sind Körper und Geist gebändigt, durchtrainiert, entwickelt. Ein außerordentlich großer Sinn für Humor und für Entspannung ist gegeben, ein Empfinden von Offenheit, Sanftheit und Gutheit. Die Wirkung der Praxis wird für Sie spürbar – die Praxis beginnt ihr Werk zu verrichten, und Ihnen ist so wohl zumute, als kämen Sie gerade aus dem Dampfbad: Ihre Muskulatur hat sich gelockert, und Sie fühlen sich kerngesund.

SAMADHI: Das sechste Glied ist *Tingdzin*, „Samadhi" oder „Einsgerichtetheit". Sie sind innerlich gesammelt, einsgerichtet – und zugleich bescheiden. Ungeachtet Ihrer Errungenschaften sind Sie nie eingebildet.

AUSGEGLICHENHEIT: Das siebte und letzte Glied ist *Tang-nyom*, „Ausgeglichenheit". Sie neigen nicht zu Trägheit oder Faulheit, und ebenso wenig geraten Sie in Verwirrung oder in Erregung. Die ganze Zeit herrscht ein Empfinden von Gleichmut. Weder bringt Sie irgendetwas aus der Ruhe, noch sind Sie total dösig. Ausgeglichenheit, das sollte völlig klar sein, läuft nicht darauf hinaus, dass man zu einem Waschlappen oder einem gleichgültigen Affen wird. In diesem Fall steht Ihnen die ganze Welt zu Gebote. In den Umgang mit Ihrer Welt haben Sie enormes Vertrauen. Darum brauchen Sie nichts zu forcieren, weder zum Positiven noch zum Negativen. Bei nichts brauchen Sie zu verweilen, und ebenso wenig müssen Sie irgendetwas übertreiben.

Damit endet die Darstellung der sieben Glieder von Bodhi, dem Pfad des Sehens mit seinen sieben Kategorien.

4. Der Pfad der Meditation

Der vierte Pfad wird als der Pfad der Meditation bezeichnet, *Gom-lam*. *Gom* bedeutet herkömmlicherweise „über etwas nachdenken"; buddhistisch ausgedrückt heißt es „meditieren". In der nichttheistischen Tradition bedeutet Meditation einfach nur Meditation, nicht Meditation *über* etwas; und *lam* bedeutet einmal mehr „Pfad". Auf dem Pfad der Meditation erinnert Ihr Stilempfinden eher an einen erleuchteten und nicht mehr so sehr an einen neurotischen Stil.

Auf dem Pfad der Meditation beginnen Sie die karmische Bindung zu durchtrennen. Karma geht auf grundlegende Unwissenheit zurück. Wann immer es zwei gibt, Sie und andere/s, ist das bereits der Ausgangspunkt einer karmischen Situation. Und haben Sie nicht nur sich und andere, sondern fangen Sie obendrein noch an, näher darauf einzugehen, dann befinden Sie sich auf der Stufe des zweiten Nidana, auf der Stufe von *Samskara* (Gestaltung). Sie haben begonnen, das Rad des Karma zu drehen.

Grundlegende Unwissenheit ist prä-dual. In dem Ausdruck „ich bin" ist prä-duale Unwissenheit vor-„bin" – sie ist die „Ich"-Stufe. Dualität existiert noch nicht, und sie als nichtdual zu bezeichnen wäre wirklich voreilig. Zwar gibt es hier keine Dualität, aber es herrscht noch ein falsches Empfinden von Soheit oder Istheit. Es besteht ein Anti-Shunyata-Empfinden von Existenz oder Fülle, von dem man sich lösen muss.

Auf dem Pfad der Meditation beginnt man zwar, die grundlegende Unwissenheit aufzulösen, das geschieht an diesem Punkt allerdings nicht vollständig. Die Bindung an die karmischen Auswirkungen haben Sie durchtrennt, nicht jedoch diejenige an die Ursachen. Wenn Sie die Bindung an die Auswirkungen wie auch an die Ursachen durchtrennen – die karmische Situation insgesamt auflösen –, ist dies der Pfad des Nicht-mehr-Lernens, also Erleuchtung.

Der Edle Achtfache Pfad

Beim Pfad der Meditation gibt es acht Kategorien, und in ihrer Gesamtheit werden sie als der Edle Achtfache Pfad bezeichnet.[17] Die acht Glieder des Edlen Pfads sind: vollkommene Sicht, vollkommenes Verstehen, vollkommene Rede, vollkommenes Aufhören von Karma, vollkommener Lebensunterhalt, vollkommenes Streben, vollkommene Sammlung und vollkommene Meditation. Auf der vorherigen Stufe, dem Pfad des Sehens, haben Sie angefangen zu erkennen; und jetzt sind Sie in der Lage, etwas daraus zu machen. Ihr ganzes Sein ist rundum durchtrainiert – physisch, psychisch und das Arbeiten mit anderen betreffend.

VOLLKOMMENE SICHT. Das erste Glied des Edlen Pfads ist *Yangdak tawa*. *Yangdak* bedeutet „vollkommen" und *tawa* „Sicht". *Yangdak tawa* heißt also „vollkommene Sicht". *Yangdak*, vollkommen, schicken wir allen acht Gliedern voraus. Vollkommene Sicht bedeutet, dass Sie die Bindungen an frühere Erfahrungen durchschneiden und sich von starren, fest gefügten Anschauungen, durch die Sie ein wenig schwerfällig und theorielastig geworden sind, lösen können. Auf der vorherigen Stufe, dem Pfad des Sehens, haben Sie vielleicht kurz einen Blick auf die letzte Wahrheit erhaschen können. Tawa versetzt Sie nun indes in die Lage, sie wirklich zu erfassen. Mit „Sicht" ist hier weder gute Sicht noch schlechte Sicht gemeint, sondern einfach: die Dinge so begreifen, wie sie sind. Sie vermögen sie zu durchdringen, und Sie verstehen es, zu analysieren und zu theoretisieren, im positiven Sinn. Das heißt weder, dass Sie ein Scholastiker sind noch dass Sie herumpsychologisieren, aber Sie sind in der Lage, die Unterschiede zwischen dem ersten, dem zweiten und dem dritten Pfad zu erkennen. Sie sind in der Lage zu erkennen, wie die Dinge geografisch und chronologisch zusammenhängen. Da Sie an diesem Punkt die Dinge zu erfassen vermögen, verringert sich die Abhängigkeit von Ihrem Lehrer oder einem erfahreneren Praktizierenden. Letzterer ist klug und gelehrt, brillant und mitfühlend, aber das heißt nicht, dass Sie auf ihn oder sie angewiesen sein müssen. Sie sind selbst imstande, die Dinge zu erfassen. Das verschafft Ihnen eine gewisse Unabhängigkeit.

VOLLKOMMENES VERSTEHEN. Das zweite Glied ist *Yangdak tokpa*, „vollkommenes Verstehen" oder „vollkommene Einsicht". Sie haben gelernt, sich zu entspannen. Aufgrund dessen, was Sie erfahren haben, brauchen Sie nichts in Frage zu ziehen und nichts anzuzweifeln. Sie haben begriffen, und was Sie begriffen haben, das wertschätzen Sie. Darum lernen Sie, sich zu entspannen und aus sich herauszugehen.

VOLLKOMMENE REDE. Das dritte Glied ist *Yangdak ngak*, „vollkommene Rede". Sie haben eine Möglichkeit gefunden, sich voll und ganz zu erkennen zu geben – wie Sie sind, warum Sie sind, was Sie sind –, ohne überheblich, aggressiv oder allzu bescheiden zu sein. Sie haben gelernt, maßvoll zu sein in Ihrer Selbstdarstellung. *Ngak*, „Rede", verweist nicht einfach nur darauf, wie Sie sprechen, sondern auch darauf, welches Bild Sie der Welt von sich geben – auf Ihr generelles Benehmen beziehungsweise den Anstand, den Sie an den

Tag legen. Sie können vernünftig, grundanständig und erleuchtet werden.

VOLLKOMMENES AUFHÖREN VON KARMA. Das vierte Glied ist *Yangdak le kyi tha*, in wörtlicher Bedeutung: das „vollkommene Aufhören von Karma". *Tha* bedeutet „Aufhören" oder „Ende", *kyi* ist „von", und *le* bedeutet „Karma". Sie beginnen zu begreifen, wie Sie karmische Ursachen und Wirkungen vermeiden können – schlagartig, präzise, vollständig. Das Aufhören von Karma bedeutet, dass Sie vielleicht ein- oder zweimal in die Welt zurückkehren, da die Bindung an Ihre unmittelbare karmische Situation noch nicht durchgeschnitten ist. Die Bindung an Ihr früheres Karma hingegen ist bereits durchtrennt – mittels vollkommener Sicht, vollkommenem Verstehen und vollkommener Rede. Ihre Gewohnheitsmuster und Ihr ganzes Verhalten werden allmählich präziser, erleuchteter. Indem Sie sich natürlich verhalten, sind Sie imstande, die Bindung an Karma und die karmischen Auswirkungen zu durchtrennen.

Während Sie Letzteres tun, haben Sie es ständig mit Unwissenheit, dem ersten Nidana zu tun. Da Unwissenheit die Triebkraft des willentlichen Handelns ist, gebieten Sie dem Lauf des willentlichen Handelns in dem Moment Einhalt, in dem Sie jene Unwissenheit beseitigen. Das können Sie tun, weil auf der Ebene des Meditationspfads Ihr Umgang mit dem Dharma sehr natürlich und intuitiv wird. Im Unterschied dazu läuft willentliches Handeln in der Weise ab, dass Sie sich immer schon auf die nächste Karotte freuen. Die Karotte nehmen Sie als ein Stück weit entfernt von sich wahr, und Sie bahnen sich den Weg, um von hier nach da zu rennen, von Ihrem Standort zu der Möhre. Indem Sie das tun, kurbeln Sie weiteres Karma an. Letztlich haben Sie so deutlich mehr Karma am Hals – und obendrein haben Sie die Karotte kreiert! In der samsarischen Welt sagen wir das *so* nie, in der erleuchteten Welt dürfen wir es jedoch sagen.

Für das Durchschneiden der karmischen Bindung werden Widerwillen und Verzicht als wichtig angesehen. Zwar ist es ein blitzsauberer, ganz schön ausgefuchster Trick, sich die Möhre selbst vor die Nase zu halten, doch Sie wissen, dass Sie sowas eigentlich nicht tun sollten. Indem Sie darauf verzichten, können Sie die durch das zweite Nidana – Samskara, impulsives Anhäufen – bewirkte Bindung durchtrennen. Hier an diesem Punkt werden Sie darin so versiert, dass Sie, selbst wenn Sie in andere Menschen eine karmische Verheißung einpflanzen, die Bindung an deren karmische Ursache und Wirkung ebenfalls durchtrennen können.

VOLLKOMMENER LEBENSUNTERHALT. Nummer fünf ist *Yangdak tsowa*, „vollkommener Lebensunterhalt". Da Sie mit karmischer Ursache und karmischer Wirkung umzugehen wissen, können Sie auch mit dem eigenen Leben umgehen und sich um ein eigenes Auskommen kümmern. Sie haben es nicht nötig, auf andere angewiesen zu sein. Sie sind ausreichend befähigt, Ihren Lebensunterhalt voll und ganz selbst aufbringen zu können.

VOLLKOMMENES STREBEN. Das sechste Glied ist *Yangdak tsölwa*, „vollkommenes Streben", und zwar in dem Sinn, dass Sie sich in keiner Weise zurückhalten, sondern sich voll und ganz einsetzen. Sie haben unerhört viel Energie. Wahre Energie entwickeln Sie, indem Sie an sich selbst arbeiten und ebenso indem Sie mit anderen zusammenarbeiten. Während Sie von Pfad zu Pfad weiter vorangehen, entfalten Sie ein immer größeres Bemühen, mehr und mehr Fleiß. Allmählich werden Sie ein grundanständiger Mensch, sind nicht länger eine Nervensäge.

VOLLKOMMENE SAMMLUNG. Das siebte Glied ist *Yangdak trenpa*, „vollkommene Sammlung". Wie zuvor verweist Trenpa auf einen Sinn für Achtsamkeit, auf einen einsgerichteten Geist, und auf die Vergegenwärtigung Ihrer früheren Erfahrungen.

VOLLKOMMENE MEDITATION. Das achte und letzte Glied des Edlen Pfads ist *Yangdak tingdzin*, „vollkommene Meditation". In diesem Kontext bedeutet Tingdzin, dass Sie in der Lage sind, in bestimmte Samadhis einzutreten. In Gedanken befassen Sie sich allmählich schon mal mit der Vorstellung von Erleuchtung. An diesem Punkt sind Sie möglicherweise in der Lage, die Bindung an das zweifache Ich (das Ego-Ich und das Ich der Dharmas) vollständig durchzuschneiden.[18]

5. Der Pfad des Nicht-mehr-Lernens

Der letzte Pfad wird der Pfad des Nicht-mehr-Lernens genannt. Das ist gleichbedeutend mit: Erleuchtung erlangen. Auf Tibetisch heißt er *Mi-lop-lam*. Da Sie auf der Hinayana-Ebene lediglich eine ganz ungefähre Vorstellung davon haben, wie Erleuchtung zustande kommt, schließt der fünfte Pfad den Rest des Mahayana-Wegs und wirkliche Erleuchtung mit ein.

Fortschritt auf dem Weg

Die fünf – sehr komplizierten und komplexen – Pfade sind hier kurz beschrieben worden, um Ihnen eine Vorstellung davon zu vermitteln, welche Entwicklung ein Schüler mittels der Meditationspraxis psychologisch zurücklegt. Nicht nur von Ihrem Lehrer, Ihren Freunden oder Nachbarn können Sie nun also Leitlinien für den Weg erhalten, sondern auch von sich selbst. Hier findet eine Reise statt. Und wenn Sie fragen, wer den Verlauf der Reise beurteilen soll, so kann, glaube ich, das Ausmaß des Schmerzes und der Verwirrung, die Sie erleben, niemand besser beurteilen als Sie selbst.

Wenn wir über den Weg sprechen, über den Buddhismus ganz allgemein, müssen wir der Tatsache ins Auge sehen, dass hier eigentlich etwas Widersinniges abläuft. Das Resultat – Erleuchtung – streben wir nicht an, so sagen wir. Daran seien wir nicht interessiert, wir hätten auch kein Ich, seien also frei von alldem. Tatsächlich *sprechen* wir zugleich aber über Erleuchtung. Wir sagen, dass wir nach und nach Erleuchtung erlangen werden und im Begriff stehen, ein besserer Mensch zu werden. Dieser offenkundigen Tatsache müssen wir ins Auge sehen. Es bringt nichts, wenn wir bestrebt sind, geistvoller zu sein als jeder andere Mensch auf Erden, der einen spirituellen Weg gegangen ist. Sich darüber klar zu werden, dass Sie in die gewöhnliche Logik zurückverfallen sind, sich darüber klar zu werden, dass jedermann auf Freude aus ist und dies genauso auch für Sie gilt, mag irritierend sein. Doch das ist die Tatsache. Im Buddhismus sprechen wir darüber, das Neurotische zu vermindern, was automatisch eine Reduzierung ichbezogenen Schmerzes bedeutet. Wir sprechen darüber, Erleuchtung zu erlangen – einen Zustand, in dem für Sicherheit keine Notwendigkeit besteht, sich allerdings letzte Sicherheit einstellt. Ohne solch eine Logik wäre es dem Buddha gar nicht möglich, die Menschen wirklich zu unterweisen.

Die Unterweisungen gibt es, damit Sie besser werden, damit Sie sich entwickeln können. Das ist eine bekannte Tatsache. Darauf könnten Sie – in der Annahme, dies sei das Beste, was sich dazu sagen ließe – entgegnen, an dergleichen seien Sie nicht interessiert. Wenn Sie an dergleichen aber nicht interessiert sind, haben Sie sich bereits selbst an der Nase herumgeführt. Sie glauben, besonders schlau zu sein, tatsächlich halten Sie sich jedoch selbst zum Narren. In gewisser Weise müssen Sie unvernünftig, dumm und einfältig sein, um sich für die Unterweisungen und den Weg zu entscheiden. Und ob es Ihnen nun gefällt oder nicht, der Buddhismus ist eine Art Lehre. Mag es sich auch um eine transzendente Lehre handeln, so ist es dennoch eine Lehre. Lassen Sie uns also nicht versuchen, oberklug zu sein. Sowas wie einen „coolen Dharma" oder eine „total angesagte Wahrheit" gibt es nicht. Die Wahrheit ist die Wahrheit.

Auf dem buddhistischen Weg geht man davon aus, dass Sie bestimmte Geisteszustände entwickeln; man geht davon aus, dass bei Ihnen bestimmte Zeichen erkennbar werden. Ferner geht man davon aus, dass Sie diese Dinge mit Ihren übrigen Brüdern und Schwestern auf Erden teilen und mit ihnen ebenfalls arbeiten. Doch nichts davon wird als eine gute Handlung angesehen. Das ist einfach der gewöhnliche Verlauf – ähnlich wie bei einem Fluss. Strömte ein Fluss zur Quelle hin oder ein Wasserfall den Berg hinauf, dann würden wir entweder glauben, dass wir Halluzinationen haben oder dass mit der Landschaft etwas nicht seine Richtigkeit hat. Entsprechend muss auch die Logik des Weges fließen, ganz so wie man erwartet, dass Wasser stets abwärts fließt und über kurz oder lang seinen Weg zum Ozean zurücklegt. Solche Gesetzmäßigkeiten verstehen sich von selbst. Von der Sonne erwarten wir, dass sie im Osten auf- und im Westen untergeht. Wir mögen noch so cool und unkonventionell sein, den Lauf der Sonne können wir nicht verändern.

Was nun Zeichen auf dem Weg anbelangt, so wartet man eigentlich nicht darauf, dass etwas geschieht; sondern wenn es geschieht, dann geschieht es halt – und früher oder später geschieht etwas, mit Sicherheit. Allerdings hat man dabei keineswegs die Erwartung, dass mit Ihnen, sobald Sie die nächste Stufe erreichen, alles in Ordnung sein wird. Tatsächlich kann es so sein, dass Sie auf jeder neuen Stufe mehr Probleme entdecken. Arhatschaft zu erlangen, das klingt beispielsweise gut. Allerdings werden Sie, sobald Sie an dem Punkt angelangt sind, vielleicht weitere Probleme und Scherereien haben. Während Sie auf dem Weg vorankommen, stecken Sie unablässig in einem Prozess, in dessen Verlauf Sie immer intelligenter werden. Je intelligenter Sie werden und je mehr Sie jener umfassenden Vision in all ihren Einzelheiten gewahr werden, umso mehr Dinge finden Sie bei sich selbst, die nicht in Ordnung sind.

Sie erwarten nicht, dass Sie auf dem Weg vor allem glücklich werden. Allerdings erwarten Sie Differenzierung und Verfeinerung, ferner eine gewisse Erleichterung beziehungsweise die Zuversicht, dass tatsächlich etwas geschieht. Wo Sie sich gerade befinden auf dem Weg, das brauchen Sie nicht zu wissen. Hingegen müssen Sie wissen, dass Sie sich vorwärts bewegen und an Ihr Ziel gelangen werden. Falls Sie sich indes zu viel den Kopf darüber zerbrechen, möglichst schnell von hier nach da zu kommen, werden Sie viele schmerzliche Erfahrungen machen. Nicht wie schnell Sie dort hingelangen können ist entscheidend, sondern auf die Bewegung kommt es an. Auf dem Weg stecken Sie nicht fest, sondern sind ständig in Bewegung. Sobald Sie die Herdplatte einschalten, beginnt das Essen zu garen.

Es mag den Anschein haben, als sei der gesamte Weg auf einer jedermann zugänglichen Ebene angesiedelt. Die Unterweisungen geben sich aber keineswegs besonders volkstümlich. Genauso wenig sind sie übrigens für Gelehrte, Magier, Königshäuser oder für

Mönche und Nonnen. Die Unterweisungen sind überhaupt nicht für etwas *gedacht*. Der Dharma ist einfach Unterweisung. Er beinhaltet bestimmte Grundwahrheiten, ansonsten ließe er sich nicht mitteilen, und Sie könnten ihn nicht verstehen. Gleichgültig in wie vielen Restaurants Sie essen gehen oder wie schick diese sein mögen, um zu essen, stecken Sie dennoch stets die Speisen in den Mund. Anders kann man nicht essen. Kein Restaurant bietet Essen an, das man auf eine andere Weise zu sich nehmen könnte.

Ausgangspunkt für Ihre Arbeit mit den fünf Pfaden ist der erste Pfad und die Shamatha-Praxis. Im weiteren Verlauf beginnen Sie sich zu entwickeln, und es gibt eine Art Fortschrittsbilanz. Zu den fünf Pfaden eine Beziehung herzustellen mag schwierig erscheinen, nichtsdestoweniger sind sie real, und Sie können sie zur Richtschnur Ihrer Bestrebungen machen. Nichts an ihnen ist unvernünftig. Und sie sind nicht nur vernünftig, sondern sie lassen sich auch in die Tat umsetzen. Wenn Sie nach Freude streben, ist diese für Sie erreichbar, weil Sie sie in sich tragen. Ebenso sind Ihnen freudige Anstrengung, innere Sammlung und Intellekt zu eigen – lauter allgemein bekannte Dinge, nichts Exotisches oder Urzeitliches. Die Botschaft ist also ganz einfach: Es ist möglich, und Sie können es tun. Sie können mit den Vier Edlen Wahrheiten arbeiten.

Da Leid etwas Elementares ist, gibt es dafür auch ein elementares Heilmittel. Solch ein Heilmittel ist *Saddharma*: wirklicher *(sat)* Dharma. Wirklicher Dharma kann elementaren Schmerz tatsächlich heilen. Darum wird er als *Sat* bezeichnet, als „Wahrheit". Das ist echter Dharma. Elementares Leid basiert auf einem fundamentalen karmischen Missgeschick, zu dem es aufgrund von Unwissenheit kommt. Wenn Sie allerdings mit Ihrem Geisteszustand zu arbeiten beginnen, sind Sie sich schon bald über die Auswirkungen Ihrer Unwissenheit im Klaren, und Sie erkennen, wie Sie für Abhilfe sorgen können. Ihre grundlegende Unwissenheit ist die Ursache für alle karmischen Fügungen. Doch anstatt sich stumpfsinnig darein zu schicken, beginnen Sie mit Hilfe der Meditationspraxis aufzuwachen. Ihres Bestrebens, die doppelte Ich-Fixierung – an das Ich der Dharmas und das Ego-Ich – zu durchtrennen, sind Sie gewahr, und dann fangen Sie an, der ganzen Angelegenheit die Hölle heiß zu machen. Sie stecken sehr viel Mühe und Energie da hinein. Ganz schnörkellos.

Die Praxis ist von grundlegender Bedeutung, ein echtes Heilmittel. Sie haben ein echtes Ich und echtes Leid – und jeweils das dazu passende Heilmittel. Der Dharma sei Medizin, so heißt es, der Lehrer ein Arzt und Sie der Patient. Wenn Sie eine Krankheit haben, für die es ein Heilmittel gibt, kann der Lehrer eine Diagnose stellen und die Krankheit behandeln. Und während Sie Ihren Weg durch die Yanas zurücklegen, vom Hinayana zum Vajrayana, wird die Behandlung viel strikter und präziser. Das ist die Vorstellung von Saddharma. Weil Saddharma nicht nur die Symptome behandelt, sondern die Krankheit selbst, ist es das ultimative Heilmittel.

DIE MEDITATIONSPRAXIS

Kerninstruktionen und Leitlinien

CHÖGYAM TRUNGPA

BEI DER MEDITATIONSPRAXIS geht es weniger um das hypothetische Erlangen von Erleuchtung als um eine gute Lebensführung. Damit wir lernen, wie wir ein gutes Leben, ein makelloses Leben führen können, brauchen wir ein stetiges Gewahrsein, das sich unablässig auf das Leben bezieht, ganz unmittelbar und einfach.

Diejenige Einstellung, die Achtsamkeit und Gewahrsein hervorbringt, hat nichts Dogmatisches. Bei Achtsamkeit geht es lediglich um einen Sinn für das Dasein. Mit ihm stehen Sie in Kontakt, Sie sind wirklich *da*. Wenn Sie auf dem Meditationskissen sitzen, spüren Sie, dass Sie dort sitzen und tatsächlich existieren. Das Empfinden, da zu sein, brauchen Sie nicht zu unterstützen oder aufrechtzuerhalten.

Wir könnten in der Tat die Frage stellen, welchem Zweck die Meditation dient – was als Nächstes geschieht. Eigentlich geht es beim Meditieren aber darum, einen ganz anderen, vollkommen zweckfreien Umgang mit den Dingen zu entwickeln. Hier ist man nicht ständig auf dem Weg irgendwohin. Oder vielleicht sollten wir besser sagen: Man ist auf dem Weg – und gleichzeitig am Ziel.

Bei der Praxis des Sitzens kommt unserer Haltung große Bedeutung zu. Empfohlen wird, mit übergeschlagenen Beinen dazusitzen, im Schneidersitz. Die Wirbelsäule sollte gerade, jedoch nicht starr sein, die Atmung unangestrengt und durch nichts gehemmt. Mutet man allerdings dem Körper allzu große Belastungen zu, untergräbt dies die ganze Angelegenheit. Falls notwendig, dürfen Sie daher Ihre Haltung durchaus ein wenig verändern. Sollte es aufgrund eines körperlichen Problems zu schwierig für Sie sein, auf dem Boden zu sitzen, können Sie durchaus einen Stuhl nehmen. Aber lehnen Sie sich besser nicht an!

Die Augen bleiben geöffnet. Falls wir jedoch visuellen Details und Farben zu viel Aufmerksamkeit schenken, könnte dies zu Anspannung im Bereich von Kopf und Nacken führen. Wir lassen den Blick, leicht abgesenkt, einfach ruhen und versuchen nicht, unser Augenmerk auf irgendetwas zu richten.

Folgen Sie beim Ausatmen dem ausströmenden Atem. Versuchen Sie, sich tatsächlich mit ihm zu identifizieren, statt ihn einfach nur zu beobachten. Das Einatmen läuft ganz von allein ab, wenn die Lungen leer sind. Lassen Sie es einfach geschehen, ohne ihm weiter große Aufmerksamkeit zu schenken.

Übermäßig weihevoll zu werden, sollte man unbedingt vermeiden, und ebenso wenig sollte man das Gefühl haben, an einem besonderen Ritual teilzunehmen. Versuchen Sie einfach, sich mit dem Atem zu identifizieren. Verstricken Sie sich nicht in Gedanken, und betreiben Sie keine Analyse.

Wann immer Gedanken auftauchen, beobachten Sie diese einfach – als Gedanken –, und versehen Sie sie mit dem Etikett „Denken". Gewöhnlich geschieht, wenn uns Gedanken in den Sinn kommen, etwas anderes: Wir versinken in diesen Gedanken und sind überhaupt nicht mehr gewahr, dass wir denken. In der Meditation sollte man nicht versuchen, Gedanken zu unterdrücken, vielmehr ihre vergängliche, ihre durchscheinende Beschaffenheit zu erkennen. Weder verstricken wir uns in die Gedanken, noch weisen wir sie zurück, sondern wir nehmen sie einfach wahr und richten unser Gewahrsein wieder auf den Atem. Ein vorsätzliches Bemühen,

Kontrolle auszuüben, sollte es ebenso wenig geben wie das Bestreben, einen friedvollen Zustand zu erreichen. Unsere Gedanken sind bloß nicht länger die Hauptfiguren, haben keinen Prominentenstatus mehr in unserem Leben.

Damit soll indes keinesfalls gesagt sein, dass wir durch das Sitzen und Meditieren, durch das Zurückkommen auf den Atem eine Methode zur Problemvermeidung gefunden haben, eine Möglichkeit, wie wir von einem Punkt zu einem anderen Punkt entkommen können. Meditation ist weder eine Schnelltherapie noch ein Deckmäntelchen für die verwickelten oder erschreckenden Aspekte der eigenen Persönlichkeit. Meditation ist ein Lebensstil. Unsere Praxis beharrlich fortzuführen, ohne dass wir uns durch Enttäuschungen, durch euphorisch stimmende Erfahrungen oder durch was auch immer sonst beirren lassen und dann im Nachhinein an uns zweifeln, ist von allergrößter Bedeutung. Gut möglich, dass wir die Welt, die wir mit uns herumtragen, tatsächlich auf eine offenere, wohltuendere Art und Weise zu sehen beginnen. Meditation braucht sehr viel Übung, verlangt nach praktischer Umsetzung. Hier geht es nicht darum, sich in irgendeine imaginäre Tiefe hineinzubegeben, sondern um ein nach außen gehendes Sich-Öffnen und Sich-Einlassen.

Diese Anleitungen sollen Ihnen eine einfache Grundlage für die Meditationspraxis geben. Es ist wichtig, sich an diese Leitlinien zu halten, damit gleich am Anfang ein gutes Verständnis gewährleistet ist.

DER AUFBAU DER UNTERWEISUNGEN

Die nachfolgende Gliederungsskizze führt Ihnen die Struktur der Unterweisungen zu den Vier Edlen Wahrheiten vor Augen. Dieses Verzeichnis der im Buch dargelegten Inhalte kann Ihnen nicht nur als Lernhilfe dienen, sondern auch den Überblick über den Aufbau des Textes erleichtern. Die Themen werden hier in der gleichen Reihenfolge wie im Text aufgelistet.

Die Erste Edle Wahrheit: Leid
    I. Die acht Arten von Leid
        A. Ererbtes Leid
            1. Geburt
            2. Alter
            3. Krankheit
            4. Tod
        B. Das Leid in der Zeitspanne zwischen Geburt und Tod
            5. Unerwünschtem begegnen
            6. Wünschenswertes nicht behalten können
            7. Nicht bekommen, was man will
        C. Allgemeines Elend
            8. Allgemeines Elend

    II. Die drei Muster des Leids
        A. Das Leiden am Leid
            1. Geburt
            2. Alter
            3. Krankheit

        4. Tod
        5. Unerwünschtem begegnen
    B. Das Leid aufgrund von Veränderung
        6. Wünschenswertes nicht behalten können
        7. Nicht bekommen beziehungsweise nicht wissen, was man will
    C. Alles durchdringendes Leid
        8. Allgemeines Elend

Die Zweite Edle Wahrheit: Die Entstehung des Leids
  I. Die sieben ichbezogenen Muster
    A. Die fünf Skandhas als etwas einem selbst Zugehöriges auffassen
    B. Sich vor Vergänglichkeit schützen wollen
    C. Die eigene Auffassung für die beste halten
    D. Von den Extremen des Nihilismus und des Eternalismus überzeugt sein
    E. Leidenschaft
    F. Aggression
    G. Unwissenheit

  II. Die sechs Wurzel-Kleshas (widerstreitenden Emotionen)
    A. Begierde
    B. Wut
    C. Stolz
    D. Unwissenheit
    E. Zweifel
    F. Meinung

  III. Leid herbeiführende karmische Muster
    A. Nicht verdienstvolles Karma
        1. Körper
            a. Leben nehmen
            b. Stehlen
            c. Sexuelles Fehlverhalten

2. (mit der) Rede
      a. Lügen
      b. Intrige
      c. Negative Worte
      d. Klatsch (unnützes Gerede)
   3. (mit dem) Geist
      a. Neid
      b. Hoffen, jemandem Leid und Schaden zuzufügen
      c. Nicht an das Heilige glauben

B. Verdienstvolles Karma
   1. Achtung vor dem Leben
   2. Großzügigkeit
   3. Heilsame Sexualität
   4. Ehrlichkeit
   5. Geradlinigkeit
   6. Güte und Weisheit
   7. Einfachheit
   8. Offenheit
   9. Sanftmut
   10. Heiligkeit

C. Die sechs Arten der karmischen Auswirkungen
   1. Die Kraft des willentlichen Handelns
      a. Guter Anfang, schlechtes Ende
      b. Schlechter Anfang, gutes Ende
      c. Schlechter Anfang, schlechtes Ende
      d. Guter Anfang, gutes Ende
   2. Erfahrungen machen, die man selbst „gesät" hat
      a. Sogleich
      b. Später
      c. Aus einem früheren Leben zur Reife gelangende Auswirkungen
   3. Makellose karmische Auswirkungen

a. Den drei Juwelen nacheifern
   b. Den vorzüglichen Qualitäten eines anderen Menschen nacheifern und sie wertschätzen
   c. Den Dharma praktizieren
4. Änderung des karmischen Ablaufs durch energisches Handeln
5. Gemeinschaftlich erfahrene karmische Situationen
   a. Nationales Karma
   b. Individuelles Karma innerhalb des nationalen Karmas
6. Wechselwirkung von Absicht und Handlung
   a. Makellose Absicht, makellose Handlung
   b. Schädliche Absicht, schädliche Handlung
   c. Makellose Absicht, schädliche Handlung
   d. Schädliche Absicht, makellose Handlung

Die Dritte Edle Wahrheit: Das Aufhören des Leids

I. Die drei Kategorien von Samsara
   A. Der Samen für Samsara: Verwirrung
   B. Die Ursache für Samsara: Fixierung
   C. Die Wirkung von Samsara: Leid

II. Die vier Möglichkeiten, Gesundheit und Ganzheitlichkeit zu entwickeln
   A. Angemessener Umgang mit Nahrung
   B. Angemessener Umgang mit Schlaf und Ruhe
   C. Sorgfalt
   D. Meditation

III. Die zwölf Aspekte des Aufhörens
   A. Natur
      1. Der Ursprung: meditative Versenkung
      2. Was aufgegeben werden sollte: Neurose
      3. Der Weg, den es zu kultivieren gilt: Einfachheit

    B. Tiefgründigkeit
    C. Zeichen
    D. Letztendlich
    E. Unvollkommenheit
    F. Zeichen von Vollkommenheit
    G. Ohne Schmuck
    H. Geschmückt
    I. Mit Auslassung
    J. Ohne Auslassung
    K. Über alles hinausgehend
    L. Unermesslich
        1. Verzicht
        2. Vollständige Reinigung
        3. Erschöpft
        4. Leidenschaftslosigkeit
        5. Aufhören
        6. Vollkommener Frieden
        7. Abnehmend

Die Vierte Edle Wahrheit: Der Weg
    I. Der Verlauf des Weges
        A. Die Vorstellung von Ewigkeit überwinden
        B. Das Streben nach Freude überwinden
        C. Sich darüber klar werden, dass Leerheit möglich ist
        D. Auf Ichlosigkeit stoßen

    II. Die vier Qualitäten des Weges
        A. Weg: auf Suche nach der wirklichen Bedeutung von Soheit
        B. Einsicht: durch Klarheit über Neurose hinausgelangen
        C. Praxis: zu grundlegender Gesundheit in Verbindung treten
        D. Ertrag: dauerhaftes Nirvana

    III. Die fünf Pfade

A. Der Pfad der Ansammlung *(Tsog-lam)*
  1. Das Mantra der Erfahrung: die 16 Anrufungen
    a. Die erste Gruppe der Anrufungen
      1. Das Leid sollte erkannt werden
      2. Die Entstehung von Leid sollte vermieden werden
      3. Das Ziel sollte erreicht werden
      4. Der Weg sollte verwirklicht werden
    b. Die zweite Gruppe der Anrufungen
      5. Das Leid sollte als etwas Vergängliches erkannt werden
      6. Der Ursprung des Leids sollte als etwas Vergängliches erkannt werden
      7. Das Ziel sollte als etwas Vergängliches erkannt werden
      8. Der Weg sollte als etwas Vergängliches erkannt werden
    c. Die dritte Gruppe der Anrufungen
      9. Das Leid sollte klar erkannt werden
      10. Der Ursprung des Leids sollte klar erkannt werden
      11. Das Ziel sollte klar erkannt werden
      12. Der Weg sollte klar erkannt werden
    d. Die vierte Gruppe der Anrufungen
      13. Kein Leid
      14. Kein Ursprung des Leids
      15. Kein Ziel
      16. Kein Weg
  2. Die zweifache Wahrheit
    a. Relative Wahrheit (*Kündzop*)
    b. Absolute Wahrheit (*Döndam*)

B. Der Pfad der Verbindung (*Djor-lam*)
  1. Die fünf Kategorien
    a. Vertrauen

   b. freudige Anstrengung
   c. Sammlung
   d. Einsgerichtetheit
   e. Intellekt

 C. Der Pfad des Sehens (*Thong-lam*)
  1. Die sieben Glieder der Erleuchtung
   a. Sammlung
   b. Unterscheidung der Dharmas
   c. freudige Anstrengung
   d. Freude
   e. vollständige Schulung
   f. Samadhi
   g. Ausgeglichenheit

 D. Der Pfad der Meditation (*Gom-lam*)
  1. Der Edle Achtfache Pfad
   a. vollkommene Sicht
   b. vollkommenes Verstehen
   c. vollkommene Rede
   d. vollkommenes Aufhören von Karma
   e. vollkommener Lebensunterhalt
   f. vollkommenes Streben
   g. vollkommene Sammlung
   h. vollkommene Meditation

 E. Der Pfad des Nicht-mehr-Lernens (*Mi-lop-lam*)

GLOSSAR

Dieses Glossar enthält Begriffe aus der deutschen und der tibetischen Sprache (Tib.), aus dem Sanskrit (Skt.), Pali und dem Japanischen (Jap.). Die tibetischen Begriffe werden in phonetischer Umschrift wiedergegeben. Danach folgt in Klammern – oder durch einen Strichpunkt abgesetzt, falls bereits die phonetische Umschrift in Klammern steht – die Transkription.

Abhidharma (Skt.). Höherer Dharma. Die buddhistischen Lehren können in drei Teile untergliedert werden, die man *Tripitaka* nennt, die „drei Körbe": die Sutras (Unterweisungen des Buddha), den Vinaya (Unterweisungen zu den Umgangsformen) und den Abhidharma (Unterweisungen zur Philosophie und Psychologie). Trungpa Rinpoche zufolge kann man sich den Abhidharma als „Muster des Dharma" vorstellen.

Achtfacher Pfad, Edler. Im Kontext dieses Buches acht Aspekte, die den Pfad der Meditation kennzeichnen: 1.) vollkommene Sicht: Yangdak tawa (Tib.: yang dag lta ba); 2.) vollkommenes Verstehen: Yangdak tokpa (Tib.: yang dag rtog pa); 3.) vollkommene Rede: Yangdak ngak (Tib.: yang dag ngag); 4.) vollkommenes Aufhören von Karma: Yangdak le kyi tha (Tib.: yang dag las kyi mtha'); 5.) vollkommener Lebensunterhalt: Yangdak tsowa (Tib.: yang dag 'tsho ba); 6.) vollkommenes Streben: Yangdak tsölwa (Tib.: yang dag rtsol wa); 7.) vollkommene Sammlung: Yangdak trenpa (Tib.: yang dag dran pa); 8.) vollkommene Meditation: Yangdak tingdzin (Tib.: yang dag ting 'dzin).

Anhäufung. *Siehe* Skandha.

Arhat (Skt.). Würdiger. Auf Tibetisch *Drachompa* (dgra bcom pa), „einer, der den Feind bezwungen hat" – wobei hier mit „Feind" die widerstreitenden Emotionen und das Festhalten an der Vorstellung von einem *an sich* bestehenden Ich oder Selbst gemeint sind: ein vollkommen Verwirklichter des Hinayana-Weges, der die Befreiung von leidvollen samsarischen Erfahrungen erreicht hat.

Avidya (Skt.). (Tib.: marikpa; ma rig pa). Grundlegende Unwissenheit, das erste Nidana. Zum Stichwort „Klesha der Unwissenheit" *siehe* Timuk.

Bodhi (Skt.). Wach, erwacht. (Tib.: djangchub; byang chub). Erleuchtung.

Bodhisattva (Skt.). Ein erwachtes Wesen. Auf Tibetisch Djangchub sempa (byang chub sems dpa). „Held des Erleuchtungsgeistes". Ein Mensch, der die Verwirrung vollständig überwunden hat und sich der Entwicklung von Weisheit und Mitgefühl widmet, indem er sich in den sechs Paramitas (befreienden Handlungen) übt, um sämtliche Wesen von Leid zu befreien.

Buddha (Skt.; Tib.: sang-gye; sangs rgyas). Der Erwachte. In einem allgemeinen Sinn kann Buddha das Prinzip der Erleuchtung beziehungsweise ein beliebiges erleuchtetes Wesen bezeichnen. Im Speziellen ist mit *der Buddha* der historische Buddha gemeint: Buddha Shakyamuni.

Buddha, den Sie schon in der Hand halten. Mit diesem Ausdruck verweist man im Buddhismus auf den bereits vollkommenen Zustand grundlegender Wachheit, der jedem Menschen im Innersten bereits zu eigen ist.

Buddha-Natur. *Siehe* Tathagatagarbha.

Buddhadharma (Skt.). Die Lehren des Buddha.

Chakravartin (Skt.). Jemand, der das Dharma-Rad dreht. Ein Weltenherrscher in den vedischen und buddhistischen Schriften des Altertums: ein König, der aufgrund seiner Weisheit und seiner sonstigen Vorzüge die ganze Welt regiert. Die Vorstellung von einem Weltenherrscher und dem Aufbau einer erleuchteten Gesellschaft spielt in Chögyam Trungpas Darlegung des Buddhismus und der Shambhala-Lehren eine maßgebliche Rolle.

Chok-she (Tib.: chog shes). Ein Empfinden von Zufriedenheit beziehungsweise Genügsamkeit. Wörtlich: „Zufriedenheit/Wissen". Eine der beiden Arten von Verzicht.

Devaloka (Skt.). Der Götterbereich: einer der sechs Daseinsbereiche, in die Wesen hineingeboren werden. *Siehe* Anmerkung 2 zum ersten Kapitel auf S. 187.

Dharma (Skt.). Wahrheit beziehungsweise Gesetz. Insbesondere der Buddhadharma, der höher Dharma, die Lehren des Buddha. Höherer Dharma ist das subtile Verständnis der Welt: wie der Geist arbeitet, wie Samsara sich weiter fortsetzt, wie man es transzendiert etc. Im niederen Dharma geht es darum, wie die Dinge auf einer weltlichen Ebene funktionieren – zum Beispiel die Erhitzung von Wasser bis zum Siedepunkt.

Dharmas (Skt.). Phänomene, Wahrnehmungsgegenstände.

Dhyana (Skt.). (Pali: jhana). Meditation, meditative Versenkung. *Siehe* Jhana.

Djangchub yenlak dün (Tib.: byang chub yan lag bdun). Die sieben Glieder der Erleuchtung.

Drippa (Tib.: sgrib pa). Befleckungen, Verdunkelungen und Blockierungen – kognitive oder emotionale Schleier.

Dug-ngäl (Tib.: sdug bsngal). Leid, Besorgnis, Unzufriedenheit. *Siehe* Duhkha.

Duhkha (Skt.; Tib.: dug-ngäl; sdug bsngal). Leid. Die erste der Vier Edlen Wahrheiten. Körperliches und seelisches Leid aller Art einschließlich der subtilen, jedoch alles durchdringenden Frustration, die man in Bezug auf die Vergänglichkeit und Substanzlosigkeit aller Dinge erlebt.

Dzinpa (Tib.: dzin pa). Festhalten, Fixierung.

Einmalwiederkehrer. Ein Praktizierender, der aufgrund noch verbliebener karmischer „Schulden" für eine weitere Lebensspanne in ein samsarisches Dasein zurückkehrt.

Eternalismus/Nihilismus. Extreme Überzeugungen, aufgrund derer die Ich-Fixierung sich weiter fortsetzt. Dabei bildet die Auffassung, die Dinge seien fest gefügt und von Dauer (Eternalismus), das eine und die Auffassung, die Dinge seien leer und bedeutungslos (Nihilismus) das andere Extrem.

Gawa (Tib.: dga' ba). Freude. Eines der sieben Glieder der Erleuchtung.

Gokpa (Tib.: 'gog pa). Aufhören. *Siehe* Nirodha.

Gomden (Tib.: sgom gdan). Ein rechteckiges Meditationskissen.

Gom-lam (Tib.: sgom lam). Pfad der Meditation. *Siehe* Pfade, fünf.

Große östliche Sonne. Eine wichtige Vorstellung in der Shambhala-Überlieferung. Sie steht für unzerstörbare Wachheit. Spontan gegenwärtig strahlt sie Frieden und Zuversicht aus. Aufgrund ihrer Klarheit erstrahlt der Weg der Disziplin in ihrem Licht. Da ihr Lichtschein alles erfasst, finden Himmel, Erde und Menschen ihren angemessenen Platz. Ihren Ausdruck findet sie darin, dass man sein Leben mit einer nach vorn gerichteten Vision, mit Sanftmut und Furchtlosigkeit lebt.

Grundlegende Gutheit/grundlegendes Gutsein. Ein Begriff, den Chögyam Trungpa Rinpoche in den Shambhala-Unterweisungen verwendet, um dem Zustand ursprünglicher Reinheit zu beschreiben – jene Ganzheitlichkeit, die allen empfindenden Wesen zu eigen ist. Grundlegende Gutheit, so heißt es, gleicht einem Reservoir, das wir uns zunutze machen können, um Weisheit und Mitgefühl zu wecken. Mehr über grundlegende Gutheit und die Shambhala-Überlieferung erfahren Sie in *Der Angst ein Lächeln schenken*.

Hinayana (Skt.). Das „schmale" oder „kleine" Fahrzeug. Auf dem Weg des tibetischen Buddhismus, der die drei Yanas umfasst – Hinayana, Mahayana und Vajrayana –, bildet das Hinayana das Fundament. Es erteilt die unentbehrlichen Instruktionen, die dann als Basis für die beiden anderen Fahrzeuge (Yanas) dienen.

Ich. Ein scheinbar fest gefügtes Selbst, das in Wahrheit vergänglich und wandelbar und daher dem Leid unterworfen ist. Eine aufgrund der fünf Anhäufungen (Skandhas) unterstellte Persönlichkeit. *Siehe* zweifaches Ich.

Ich der Dharmas. *Siehe* zweifaches Ich.

Ich des Selbst (Ego-Ich). *Siehe* zweifaches Ich.

In den Strom Eingetretene. Mit diesem Ausdruck bezeichnet man Schüler, die sich auf den Weg des Hinayana begeben haben.

Jhana (Pali; Skt.: dhyana). Meditative Versenkung. Die Jhanas sind aufeinander aufbauende Stufen meditativer Versenkung. Das Anhaften an diesen Versenkungszuständen, erklärt Trungpa Rinpoche, bildet ein Hindernis. Solches Anhaften hat zur Folge, dass man gleichsam in eine Falle tappt und im Götterbereich festsitzt. Solche Erfahrungen sind ein Umweg, eine Ablenkung vom Weg zum Erwachen und sollten vermieden werden.

Djor-lam (Tib.: sbyor lam). Pfad der Verbindung. *Siehe* Pfade, fünf.

Karma (Skt.). Handlung. Der Prozess jener Kettenreaktion, die sich aus einer Handlung und deren Auswirkung/en ergibt. Gemäß der Lehre von Ursache und Wirkung erleben wir gegenwärtig das Resultat früherer Handlungen und Willensbekundungen, während unsere künftigen Daseinsbedingungen davon abhängen, was wir gegenwärtig tun. *Siehe* Anmerkung 8 auf S. 188.

Karmische Samen. Sämtliche Handlungen, seien es Gedanken, Worte oder Taten, gleichen Samen, die letzten Endes – im Sinn von Erfahrungen – Früchte tragen werden. Das kann in dieser oder in künftigen Lebensspannen geschehen. *Siehe* Karma.

Kayas, drei (Skt.). Die drei Körper eines Buddha: der Nirmanakaya (Körper), der Sambhogakaya (Rede) und der Dharmakaya (Geist). *Nirmanakaya* (Tib.: tulku; sprul sku) bedeutet „Ausstrahlungskörper", „Formkörper" oder „Manifestationskörper". In Gestalt des Nirmanakaya kommuniziert der erwachte Geist durch Form – insbesondere durch die Verkörperung als Mensch. Der *Sambhogakaya* (Tib.: longku; longs sku), der „Körper des Entzückens", fungiert als energetisches Umfeld aus Mitgefühl und Kommunikation. Er ist das Bindeglied zwischen Dharmakaya und Nirmanakaya. Der *Dharmakaya* (Tib.: chöku; chos sku), der „Körper des Dharma", ist der Aspekt der Realisation jenseits von Form beziehungsweise Begrenzung, von Zeit oder Raum.

Khorwa (Tib.: 'khor ba; Skt.: samsara). Sich drehen. Der Daseinskreislauf; der Teufelskreis einer Existenz im Daseinskreislauf. *Siehe* Samsara.

Kleshas (Skt.; Tib.: nyönmong). Widerstreitende Emotionen, Befleckungen. Trungpa Rinpoche hat die Kleshas als „Neurosen" bezeichnet und Erleuchtung als „Gesundsein" oder „Gesundheit". Die als Kleshas bezeichneten

Eigenschaften trüben den Geist und sind Ausgangspunkt aller nicht heilsamen beziehungsweise unheilvollen Handlungen. In erster Linie gibt es drei Kleshas: Leidenschaft, Aggression und Unwissenheit. Nach etwas anderen Kriterien unterscheidet man auch sechs Wurzel-Kleshas und 21 untergeordnete Kleshas. *Siehe* Nyönmong kün-djung; Nyönmong kyi drippa.

Kündzop (Tib.: kun rdzob). Die relative oder herkömmliche Wahrheit.

Kün-djung (Tib.: kun 'byung; Skt.: samudaya). Ursprung, der Ursprung des Leids. Der Ursprung des Leids kann auf grundlegende Unwissenheit und Begehren zurückgeführt werden. Nahrung erhält es durch widerstreitende Emotionen (Kleshas) und schädliche Handlungen (Karma). Das Kün-djung des Karmas ruft durch die Handlungen, die man anderen Wesen gegenüber begeht, weil die Kleshas wirksam werden, äußeres Leid hervor. Das Kün-djung der Kleshas bewirkt inneres Leid, indem widerstreitende Emotionen aufkommen.

Kün-djung des Karmas. *Siehe* Kün-djung.

Kün-djung der Kleshas. *Siehe* Kün-djung.

Lam (Tib.: lam; Skt.: marga). Pfad beziehungsweise Weg.

Le kyi tha (Tib.: las kyi mtha'). Aufhören von Karma. *Siehe* Achtfacher Pfad, Edler.

Mahayana (Skt.). Großes Fahrzeug. Diejenige Stufe in den Unterweisungen des Buddha, welche die Einheit von Weisheit und Mitgefühl in den Vordergrund stellt. Dies ist der Weg des Bodhisattva. Ein Bodhisattva widmet sein Leben der Aufgabe, andere Wesen auf dem Weg zur Befreiung zu unterstützen.

Mi-lop-lam (Tib.: mi slobs lam). Der Pfad des Nicht-mehr-Lernens. *Siehe* Pfade, fünf.

Naga (Skt.). Schlange. Gottheiten mit einem menschlichen Oberkörper und einem schlangenartigen Unterleib, von denen gesagt wird, sie bewohnten niedrig gelegene Sumpfgebiete und Gewässer. In einer Mafia-Familie geboren zu werden war nach Aussage von Trungpa Rinpoche die zeitgenössische Entsprechung zur Geburt in einer Naga-Familie.

Neurosen. Wenn es darum ging, Schlüsselbegriffe des Dharma zu übersetzen, hat Chögyam Trungpa Rinpoche sich lieber psychologischer Begriffe bedient, statt auf religiöse oder philosophische Termini zurückzugreifen. *Siehe* Anmerkung 1 zum ersten Kapitel auf S. 187.

Ngak (Tib.: ngag). Rede. *Siehe* Achtfacher Pfad, Edler.

Nge-djung (Tib.: nges 'byung). Wirkliches Werden. Die erste der beiden Arten von Verzicht: Widerwille gegenüber Samsara.

Ngepar shepa (Tib.: nges par shes pa). Wirkliche Überzeugung.

Nidanas, zwölf (Skt.). Die Kette der Verursachung. Die zwölf Glieder in der Kette der Verursachung von wechselseitig bedingten und sich bedingendem Entstehen: Unwissenheit, Gestaltung, Bewusstsein, Name und Form, die sechs Sinnesbereiche, Kontakt, Empfinden, Begehren, Anhaften, Werden, Geburt, Tod. Das Netzwerk von wechselseitig bedingten psychischen und physischen Phänomenen, die für individuelles Dasein konstitutiv sind und empfindende Wesen in Samsara verstricken.

Nihilismus. *Siehe* Eternalismus/Nihilismus.

Nirmanakaya (Skt.). *Siehe* Kayas, drei.

Nirodha (Skt.). (Tib.: gokpa; 'gog pa). Aufhören. Außerdem der Zustand von Erleuchtung beziehungsweise Freiheit.

Nirvana (Skt.). Erloschen. Die tibetische Übersetzung dieses Wortes, *nya-ngen ledepa* (mya ngan las' pa) bedeutet „über Leid hinausgelangt", einen Zustand des Nicht-mehr-Leidens, den man erreicht, wenn man vollkommen erleuchtet ist; in Abgrenzung von Samsara verwendet.

Nichtwiederkehrer. Ein Mensch, der aufgrund seiner eifrigen Praxis nicht mehr in ein samsarisches Dasein wiedergeboren wird.

Nichttheismus. Eine Lehre, der zufolge man an einen äußeren Gott oder Erlöser weder glaubt, noch auf ihn angewiesen ist.

Nyönmong (Tib.: nyon mongs; Skt. klesha). *Siehe* Klesha.

Nyönmong kün-djung (Tib.: nyon mongs kun 'byung). Ursprung sämtlicher Befleckungen. Oder: Wo sämtliche Befleckungen und jeglicher Schmerz hervorgerufen werden.

Nyönmong kyi drippa (Tib.: nyon mongs kyi sgrib pa). Die durch pakchak kyi drippa (aufflackernde Gedanken) hervorgebrachten Schleier der negativen Emotionen.

Oryoki (Jap.). Eine auf das Essen bezogene Achtsamkeitspraxis, die ihren Ursprung im Zen hat: Die Speisen werden, normalerweise in einem Schreinraum, formvollendet serviert und gegessen.

Pakchak kyi drippa (Tib.: bag chags kyi sgrib pa). Die Schleier der gewohnheitsmäßigen Tendenzen. Aufflackernde Gedanken.

Paramita (Skt.). Vollkommenheit. Eine befreiende Geistesqualität, transzendente Qualität; wörtlich: „hinübergelangen" (vom samsarischen Ufer an das „andere Ufer", Nirvana). Ein Bodhisattva kultiviert die sechs befreienden Qualitäten: Großzügigkeit, Disziplin, Geduld, freudige Anstrengung, Meditation und Prajna (Wissen/Weisheit).

Pfade, fünf. Fünf Stufen auf dem Weg zur Erleuchtung, wie sie u. a. bei Atisha Dipamkara und Gampopa aufgeführt werden: 1.) Tsog-lam (Tib.: tshogs lam), der Pfad der Ansammlung; 2.) Djor-lam (sbyor lam), der Pfad der

Verbindung; 3.) Thong-lam (mthong lam), der Pfad des Sehens; 4.) Gom-lam (sgom lam), der Pfad der Meditation; 5.) Mi-lop-lam (mi slobs lam), der Pfad des Nicht-mehr-Lernens.

Prajna (Skt.). Prajna kann auf vollkommenes Wissen – auf befreiende, oder transzendente, Weisheit – oder auf gewöhnliches intellektuelles Verstehen verweisen. Ein Weltverständnis, ein Wissen, wie die Dinge auf einer weltlichen Ebene funktionieren, das ist mit gewöhnlichem Prajna gemeint. Im Unterschied dazu beinhaltet dharmisches Prajna ein unmittelbares Erleben des Geistes und der geistigen Vorgänge – und im weiteren Verlauf des Weges eine alles durchdringende Einsicht, die den illusionsgleichen Charakter der Welt und des „Ich" zutage treten lässt.

Pratimoksha (Skt.). Buddhistische Gelübde im Sinn der persönlichen Befreiung. Regeln und Vorschriften für Mönche und Nonnen wie auch für Laien.

Ri-me (Tib.: ris med). Unvoreingenommen. Eine im 18. Jh. entstandene nichtsektiererische Bewegung, die wesentlich zur Festigung und Vertiefung der kontemplativen Traditionen und Lehren innerhalb der buddhistischen Überlieferungen Tibets beigetragen hat. Denn Meditation und in Abgeschiedenheit praktizierte Übungen bilden für sie die Grundlage einer spirituellen Lebensform.

Saddharma (Skt.). Wahre Gesetzmäßigkeit. Ausgezeichneter Dharma, wirklicher Dharma.

Samadhi (Skt.; Tib.: tingdzin). Meditation, Geistesruhe. 1.) Einsgerichtetheit; eins der sieben Glieder der Erleuchtung. 2.) Ein Zustand meditativer Versenkung, in dem die Geistesaktivität zum Erliegen kommt und man vollkommen in den Meditationsgegenstand vertieft ist.

Samsara (Skt.; Tib. khorwa). Der Daseinskreislauf; die unaufhörliche Wiederholung des Kreislaufs von Geburt, Tod und Zwischenzustand (Bardo), die sich aus dem Anhaften und Festhalten eines gewöhnlichen Wesens an einem Selbst und an den Erfahrungen ergibt. Alle Bewusstseinszustände in den sechs Daseinsbereichen (zu den Letztgenannten siehe Anmerkung 2 zum ersten Kapitel auf S. 187.), einschließlich der durch Freude und Macht gekennzeichneten Götterbereiche, sind mit diesem Vorgang verknüpft. Samsara entsteht aufgrund von Unwissenheit und ist durch Leid gekennzeichnet.

Samskara (Skt.). Geistige Gestaltung. Das zweite Nidana, versinnbildlicht durch ein Töpferrad. Dieses steht für den in Vorstellungen und Begriffen denkenden Geist, der sich selbst ausformt, sich selbst eine Prägung gibt.

Samudaya (Skt.; Tib.: kün-djung). *Siehe* Kün-djung.

Sang-gye (Tib.: sangs rgyas; Skt.: buddha). Buddha, der/ein Erwachte/r. *Siehe* Buddha.

Sangha (Skt.). Gemeinschaft. Das dritte der drei Zufluchtsjuwele. Im Hinayana verweist der Ausdruck Sangha speziell auf buddhistische Mönche und Nonnen. Die Mahasangha im Mahayana schließt die Laienpraktizierenden ebenfalls mit ein. Als dasjenige, wozu wir Zuflucht nehmen, kann mit „edle Sangha" auch die Versammlung der Bodhisattvas und Arhats – all die Verwirklichten – gemeint sein.

Sem-djung (Tib.: sems byung). Die 51 aus dem Geist entspringenden mentalen Geschehnisse. Aufflackernde Gedanken als Auslöser für die Skandhas und Kleshas.

Shamatha (Skt.). (Tib.: shi-ne; zhi gnas). Friedvolles Verweilen. Achtsamkeitspraxis. Die Meditationspraxis zur Bändigung und Stabilisierung des Geistes.

Shamatha-Vipashyana (Skt.). Diejenige Meditationspraxis beziehungsweise derjenige meditative Zustand, die/der die Stabilität von Shamatha und die Einsicht von Vipashyana miteinander vereint.

Sherab (Tib.: shes rab; Skt. prajna). Wissen. *Siehe* Prajna.

Shila (Skt.). Die Dharma-Schulung beruht auf einer Verbindung aus Shila (Disziplin), Samadhi (Meditation) und Prajna (Wissen).

Shin-djang (Tib.: shin sbyangs). Dank der Meditationspraxis durch den gesamten Prozess hindurchgegangen, durchtrainiert; eines der sieben Glieder der Erleuchtung. Shin-djang verweist darauf, dass der Geist flexibel ist und man ihn leicht auf jedes gewünschte Meditationsobjekt richten kann. Dank der Praxis von Shamatha und Vipashyana stellt sich ganz allgemein ein Zustand der Unbeschwertheit und des Wohlbefindens ein.

Shunyata (Skt.). Leerheit. Eine vollkommen offene, unumschränkte Geistesklarheit, gekennzeichnet durch Bodenlosigkeit und durch Freiheit von einem – wie auch immer beschaffenen – gedanklichen/konzeptuellen Bezugsrahmen. Shunyata lässt sich von anderen erwachten Geistesqualitäten wie Mitgefühl nicht trennen. Man kann Shunyata mit „Offenheit" übersetzen, da „Leerheit" die irreführende Vorstellung von Leere, von einem „Nichts" heraufbeschwören könnte.

Siddha (Skt.). So wird ein erleuchteter Meister in der tantrischen Überlieferung bezeichnet. Jemand, der außergewöhnliche Fähigkeiten entwickelt hat und Wunder zu wirken vermag.

Skandhas (Skt.). Haufen beziehungsweise Körbe. Das Selbst ist kein fest vorgegebenes, eigenständiges Gebilde, sondern setzt sich aus den fünf Skandhas, den fünf Anhäufungen zusammen: Form, Empfindung, Wahrnehmung-Impuls, Vorstellung und Bewusstsein.

Spiritueller Materialismus. Mittels eines spirituellen Weges oder einer spirituellen Disziplin ein Eigeninteresse untermauern und es konkretisieren – ein fundamentales Missverständnis all dessen, worum es bei einem spirituellen Weg geht.

Sutra (Skt.). Verbindungspunkt. Hinayana- und Mahayana-Texte innerhalb der buddhistischen Schriften, die man Buddha Shakyamuni zuschreibt. Wörtlich bedeutet Sutra „Treffpunkt", „entscheidender Punkt" beziehungsweise „entscheidender Zeitpunkt". Damit verweist der Begriff auf einen Moment der Begegnung – zwischen dem Buddha in seinem erleuchteten Zustand und dem Verstehen auf Seiten des Schülers. Gewöhnlich im Dialog zwischen dem Buddha und einem oder mehreren seiner Schüler legt ein Sutra ein bestimmtes Dharma-Thema ausführlich dar.

Tang-nyom (Tib.: btang snyoms). Ausgeglichenheit oder Gleichmut. Eines der sieben Glieder der Erleuchtung.

Tantra (Tib.: gyü, rgyud). Wörtlich: „Kontinuität". Die Vajrayana-Unterweisungen. *Siehe* Vajrayana.

Tathagatagarbha (Skt.). Buddha-Natur; der sämtlichen Wesen innewohnende Wachheitszustand.

Tawa (Tib.: lta ba). Sicht. *Siehe* Achtfacher Pfad, Edler.

Tepa (Tib.: dad pa). Hier in diesem Buch als ein Empfinden von Stetigkeit und von Vertrauen in den Weg wiedergegeben. Man weiß, was es zu kultivieren und was es zu vermeiden gilt.

Tharpa (Tib.: thar pa; Skt.: moksha). Befreiung.

Theismus. Der Glaube an einen äußeren Gott beziehungsweise Erlöser.

Thong-lam (Tib.: mthong lam). Der Pfad des Sehens. *Siehe* Pfade, fünf.

Timuk (Tib.: gti mug; Skt.: moha). Das Klesha der Unwissenheit beziehungsweise Verwirrung. Zum Stichwort „grundlegende Unwissenheit" *Siehe* Avidya.

Tingdzin (Tib.: ting 'dzin; Skt.: samadhi). Meditation. In diesem Buch als ein eingerichteter, gesammelter und präziser Geisteszustand beschrieben. *Siehe* Achtfacher Pfad, Edler.

Tokpa (Tib.: rtog pa). Verstehen, Einsicht. *Siehe* Achtfacher Pfad, Edler.

Döndam (Tib.: don dam). Absolute Wahrheit; letztendliche Wahrheit; höheres Verstehen.

Trenpa (Tib.: dran pa). Sammlung. Eines der sieben Glieder der Erleuchtung. *Siehe* Achtfacher Pfad, Edler.

Tsog-lam (Tib.: tshogs lam). Pfad der Ansammlung. *Siehe* Pfade, fünf.

Tsölwa (Tib.: rtsol wa). Streben. *Siehe* Achtfacher Pfad, Edler.

Tsöndrü (Tib.: brtson 'grus). Freudige Anstrengung. Hier in diesem Buch als eine außerordentliche Anstrengung beschrieben, mit der man sich der

Praxis widmet, weil mit dieser Anstrengung ein Gefühl von Freude und Wertschätzung einhergeht. *Siehe* Achtfacher Pfad, Edler.

Tsowa (Tib.: 'tsho ba). Lebensunterhalt. *Siehe* Achtfacher Pfad, Edler.

Tulku (Tib.: sprul sku). Ausstrahlungskörper, Emanationskörper. So bezeichnet man eine Person, die als Reinkarnation eines erleuchteten Menschen erkannt wurde *Siehe* Achtfacher Pfad, Edler. (Als weiterführende – englischsprachige – Lektüre dazu *Siehe* Appendix I in *Born in Tibet*, Shambala Publications, Boston 2000).

Zweifaches Ich. 1.) das Ego-Ich; 2.) das Ich der Dharmas. Als Ego-Ich bezeichnet man das Anhaften an der Vorstellung von einem eigenständig existierenden Ich beziehungsweise Selbst. Das Ich der Dharmas ist das Anhaften an der Vorstellung von einem eigenständig existierenden anderen – der Erscheinungswelt. Beide bestärken einander wechselseitig und halten immer weiter ein Empfinden von Dualität aufrecht.

Vajrayana (Skt.). Diamantfahrzeug oder unzerstörbares Fahrzeug. Der dritte große Weg im tibetischen Buddhismus. Das Vajrayana wird auch als der plötzliche Weg bezeichnet, weil die auf diesem Weg geübten Praxisformen innerhalb eines Lebens zur Erleuchtung führen können.

Vidyadhara, der (Skt.). Weisheitshalter. Mit diesem Titel wurde Chögyam Trungpa Rinpoche bezeichnet. In den frühen Jahren seiner Lehrtätigkeit in Nordamerika hat man Trungpa Rinpoche einfach *Rinpoche* genannt, „Kostbarer". Anschließend wurde er als *der Vajracharya* bezeichnet, als „der Halter des Vajra" (der Vajrayana-Lehren). Später hat man ihn dann *den Vidyadhara*, „den Weisheitshalter", genannt.

Vipashyana (Skt.; Tib.: lhaktong; lhag mthong). Gewahrsein. Im Tibetischen: „klares Sehen". Aus unmittelbarem meditativem Erleben oder kontemplativer Analyse erwachsende Einsicht. Eine offene, weite Qualität der meditativen Praxis in Ergänzung zu der Stabilität und Erdung, die durch Shamatha entsteht.

Yana (Skt.; Tib.: thekpa; theg pa). Wörtlich: „Fahrzeug". Ein Mittel, um auf dem Weg voranzukommen. Eine Stufe beziehungsweise Phase des Weges – wie das Hinayana oder das Mahayana.

Yangdak (Tib.: yang dag). Vollkommen. *Siehe* Achtfacher Pfad, Edler.

TEXTQUELLEN

Dieses Buch basiert auf Vorträgen, die Chögyam Trungpa Rinpoche zwischen 1973 und 1986 im Rahmen des Vajradhatu-Seminars gehalten hat. Dabei handelte es sich um den Hinayana-Teil des Seminars. Im Rahmen des Seminars hat Trungpa Rinpoche den Gedankengang der Vier Edlen Wahrheiten viermal durchlaufen: 1974, 1975, 1978 und 1983. Jedes Mal, wenn er die Thematik behandelt hat, rückte er andere Aspekte der Unterweisung in den Vordergrund. Außerdem bezieht das Buch Material eines Vortrags mit dem Titel „Grundangst" (Basic Anxiety) aus dem Jahr 1980 mit ein, in dem Trungpa Rinpoche weitergehend erläutert hat, auf welche Weise ein Praktizierender die Realität des Leids und die Bedeutsamkeit der Ersten Edlen Wahrheit anerkennt. Hinzu kommt noch Material aus dem ebenfalls 1980 gehaltenen Vortrag „Einführung in die Praxis" (Introduction to Practice), in dem er eine prägnante Zusammenfassung der Vier Edlen Wahrheiten gibt. Im Folgenden werden die Quellen für jedes Kapitel des Buches aufgelistet.

Einführung: „Introduction to Practice", Vortrag 1 (1980)

Die Erste Edle Wahrheit

> **Kapitel 1: Die Realität des Leids anerkennen:** 1980 Vortrag 2, „Basic Anxiety"; 1983 Vortrag 4, „Suffering"
>
> **Kapitel 2: Die Erfahrung des Leids analysieren:** 1975 Vortrag 5, „Sravakayana"; 1978 Vortrag 5, „Suffering"

Die Zweite Edle Wahrheit

> **Kapitel 3: Die Kraft der aufflackernden Gedanken:** 1974 Vortrag 9, „Awareness and Suffering"; 1975 Vortrag 6, „The Origin of Suffering"; 1983 Vortrag 5, „The Origin of Suffering"
>
> **Kapitel 4: Die Entwicklung fester Muster:** 1974 Vortrag 10, „The Origin of Suffering"

Kapitel 5: Immer wieder aufs Neue hervorgebrachtes Leid: 1978 Vortrag 6, „The Origin of Suffering"; 1978 Vortrag 7, „The Origin of Suffering II: Steady Course"

Die Dritte Edle Wahrheit

Kapitel 6: Erwachen und erblühen: 1974 Vortrag 11, „The Cessation of Suffering"

Kapitel 7: Meditation als der Weg zur Buddhaschaft: 1983 Vortrag 6, „Cessation and Path"

Kapitel 8: Über Samsara und Nirvana hinausgelangen: 1975 Vortrag 7, „Cessation"; 1978 Vortrag 8 „Cessation"

Die Vierte Edle Wahrheit

Kapitel 9: Der von Zweifel freie Weg: 1975 Vortrag 8, „The Path"

Kapitel 10: Die fünf Pfade: 1973 Vortrag 13, „Middle Level of the Path of Accumulation"; 1974 Vortrag 12, „The Path"; 1978 Vortrag 9, „The Path"

Von der Möglichkeit, aus den folgenden Quellen Glossareinträge zu übernehmen oder diese zu adaptieren, hat die Herausgeberin dankbar Gebrauch gemacht:

Chögyam Trungpa, *Illusion's Game*, in: *The Collected Works of Chögyam Trungpa*, Vol. 5, Shambhala Publications, Boston 2004. Ösel Tendzin & Dorje Loppön Lodrö Dorje, *The Chariot of Liberation*, Vajradhatu Publications, Halifax 2002. Verwendung mit freundlicher Genehmigung von Lodrö Dorje. Khenchen Thrangu Rinpoche (transl. by Ken Holmes & ed. by Clark Johnson), *The Three Vehicles of Buddhist Practice*, Namo Buddha Seminar, Boulder 1998. Verwendung mit freundlicher Genehmigung der Rechteinhaber. *The Rain of Wisdom* (transl. by the Nālandā Translation Committee under the direction of Chögyam Trungpa), Shambhala Publications, Boston 1989. Verwendet mit Genehmigung des Nālandā Translation Committee. Chögyam Trungpa, *Glimpses of Mahayana*, Vajradhatu Publications, Halifax 2001.

„Die Meditationspraxis: Kerninstruktionen und Leitlinien" ist ein unveröffentlichter Artikel aus dem Werk von Chögyam Trungpa Rinpoche.

KONTAKTADRESSEN UND WEITERE ANKNÜPFUNGSPUNKTE

Hätten Sie gern Informationen, wo Sie Anleitung zur Meditation erhalten oder in der Nähe Ihres Wohnorts ein Praxiszentrum finden können, so wenden Sie sich bitte an einer der folgenden Adressen:

Shambhala Training Europe
Kartäuserwall 20
D–50678 Köln
Tel. (0)221 3102400
Fax (0)221 3102450
E-Mail: office@shambhala-europe.org
http://www.shambhala-europe.org

Shambhala-Zentrum Wien
Stiftgasse 15-17
A–1070 Wien
Tel. & Fax + 01 5233259
E-Mail: info-shambhala@gmx.at
http://wien.shambhala.info

Shambhala-Zentrum Bern
Laubeggstraße 22
CH–3006 Bern
E-Mail: bern@shambhala.ch
http://www.bern.shambhala.ch

Naropa University ist die einzige buddhistisch inspirierte Universität mit staatlicher Anerkennung in Nordamerika. Um weitergehende Informationen zu erhalten, kontaktieren Sie bitte:

Naropa University
2130 Arapahoe Avenue
Boulder, Colorado 80302
Phone: (303) 444-0202
http://www.naropa.edu

Unter Ocean of Dharma Quotes of the Week finden Sie im Internet Zitate aus Chögyam Trungpas Unterweisungen. Mehrmals in der Woche wird – in der Regel auf Englisch – eine E-Mail mit Auszügen aus Chögyam Trungpas umfangreichem Werk verschickt. Die von Carolyn Rose Gimian ausgewählten Zitate stammen zum Teil aus bislang unveröffentlichtem Material, teils aus demnächst erscheinenden Texten oder aus bereits veröffentlichten Quellen. Geben Sie, um sich die Zitate online anzuschauen oder sich als E-Mail-Empfänger registrieren zu lassen, auf Ihrem Rechner einfach www.OceanofDharma.com ein.

Shambhala International ist eine weltumspannende Gemeinschaft mit über 170 Zentren und Gruppen in aller Welt, denen Tausende Mitglieder angehören. Shambhala-Meditationszentren bieten Kurse in Meditation wie auch in anderen Formen von kontemplativer Kunst und Disziplin an. Wenn Sie Näheres darüber wissen wollen, wo Sie persönliche Meditationsanleitung erhalten können, besuchen Sie bitte unter www.shambhala.org die Website von Shambhala International oder unter www.shambhala-europe.org die Website von Shambhala Europa. Unter der letztgenannten Adresse können Sie die gewünschten Informationen wahlweise auf Deutsch, Englisch oder Spanisch lesen. Zum Beispiel finden Sie dort auch ein Verzeichnis aller mit Shambhala verbundenen Zentren in den Ländern Europas.

Das Chögyam Trungpa Legacy Project sorgt für die Erhaltung, Verbreitung und Veröffentlichung von Chögyam Trungpas Dharma-Unterweisungen. Dies beinhaltet unter anderem den Aufbau eines umfassenden virtuellen Archivs und einer auf virtuelle Medien sich stützenden Studiengemeinschaft. Um diesbezüglich Informationen zu erhalten, besuchen Sie bitte www.ChogyamTrungpa.com.

Um sich über Publikationen von Vajradhatu Publications und Kalapa Recordings zu informieren, können Sie www.shambhalashop.com besuchen.

Wenn Sie an Informationen über das archivierte Werk des Autors interessiert sind, nehmen Sie bitte zu den Shambhala-Archiven Kontakt auf: archives@shambhala.org.

DANK

Mein Dank gilt den vielen Schülern, deren Bemühungen die Entstehung dieses Leitfadens zu den Vier Edlen Wahrheiten erst ermöglicht haben. Unzählige Menschen waren daran beteiligt, diese kostbaren Unterweisungen aufzunehmen, anschließend eine Niederschrift der Aufnahmen anzufertigen, sie aufzubewahren, redaktionell zu bearbeiten und in eine Endfassung zu bringen. Anonym, beharrlich und bescheiden haben die betreffenden Schüler sich diesen und diversen anderen für die Fertigstellung des Buches unerlässlichen Aufgaben gewidmet, einfach weil sie sich dazu inspiriert gefühlt und die innere Hingabe mitgebracht haben.

Carolyn Rose Gimian hat mir, kenntnisreich und einsichtsvoll, immer wieder mit Rat und Tat zur Seite gestanden. Ellen Kearneys Unterstützung während des redaktionellen Bearbeitungsprozesses – einer ganz engen Zusammenarbeit im Rahmen einer Reihe von eigens zu diesem Zweck durchgeführten Retreats, bei denen sie ihr Können bei der Überarbeitung von Texten ins Spiel bringen und äußerst hilfreiche Rückmeldungen geben konnte – war von unschätzbar großem Wert. Dank an Ben Moore, Direktor von Vajradhatu Publications, für seine enthusiastische Unterstützung. Gordon Kidd, Helen Bonzi und sämtliche Mitarbeiter/innen von Shambhala Recordings und den Shambhala-Archiven haben uns das benötigte Quellenmaterial zur Verfügung gestellt. Vielen Dank an John Rockwell für die wertvollen Rückmeldungen, die er uns gegeben hat – insbesondere für seine ohne viel Aufhebens angefertigten Übersetzungen entscheidender Abschnitte aus *The Treasury of Knowledge*. Besonderer Dank gilt Scott Wellenbach vom Nālandā Translation Committee, der die Fachausdrücke mit großer Sorgfalt durchgesehen und außerdem zur Klärung vieler schwieriger editorischer Fragen beigetragen hat. Vielen Dank an Eden Steinberg von Shambhala Publications für ihr scharfsinniges Feedback. Lady Diana Mukpo hat dieses Projekt liebenswürdigerweise abgesegnet und uns ermutigt, es in Angriff zu nehmen. Samuel Bercholz, Gründer von Shambhala Publications, war stets eine treibende Kraft, wenn es darum ging, das Wurzeltext-Projekt voranzubringen.

Ein Unterfangen wie dieses hier zu verwirklichen setzt eine großzügige Unterstützung durch Sponsoren voraus. Für die Unterstützung, die uns von Seiten des Shambhala Trust zuteil geworden ist, sind wir ebenso dankbar wie für die anonymen Spenden, die wir als Beitrag zu dieser wertvollen Arbeit erhalten haben.

Ganz besonders möchten wir dem Vidyadhara danken, Chögyam Trungpa Rinpoche: Während seines 17-jährigen Aufenthalts in Nordamerika hat er sich in großzügiger und unerschütterlicher Weise der Aufgabe gewidmet, wahren Dharma in den Westen zu bringen.

Mögen die Unterweisungen und die Formen der Praxis, die er uns mit solcher Sorgfalt nahegebracht hat, studiert, praktiziert, verwirklicht und an künftige Generationen weitergegeben werden. Mögen Sie unzähligen Wesen von Nutzen sein und all diejenigen befreien, die unnötigerweise schrecklich leiden. Mögen wir Weisheit und Mitgefühl entwickeln, außerdem die Fähigkeit, beides in unseren Handlungen zum Ausdruck zu bringen.

REGISTER

Abhidharma, 53, 62
Absicht, 59, 85-86, 157
absolute Wahrheit (Tib.: Döndam), 133-135, 160
  Siehe auch letzte Wahrheit
acht Arten von Leid, 38-51, 154
Achtfacher Pfad, 17-18, 141-144, 160
Achtsamkeit, 17, 151
  Aufhören und, 94-95
  Erinnerungshilfen, 100
  Siehe auch Einsgerichtetheit; Shamatha
Achtung vor dem Leben, 80, 156
Affeninstinkt, 36-37, 58-60
  Siehe auch Gewohnheitsmuster
Aggression, 21-23
  feste Muster und, 64, 68, 115
  Gedanken, von A. bestimmt, 79-81
  nicht verdienstvolles Karma und, 76
alles durchdringendes Leid, 48-50, 52, 155
alles durchdringendes Leid (allgemeines Elend), 48-51, 52, 155
  Geburt, 38-39
  Tod, 43-45
  Erwünschtes nicht bekommen, 47-48, 52-53, 154, 155
  Alter, 40-42
  Krankheit, 42-43
  Unerwünschtem begegnen, 47, 51, 154, 155
  Wünschenswertes nicht behalten können, 47, 51-52, 154, 155
allgemein gültiger Weg. Siehe gemeinsamer Weg
allgemeines Elend, 38 48-51, 154, 155
Alltag (gewöhnliches Leben/Dasein)
  der Weg und der, 124, 125
  Karma und, 74, 75

Meditation im, 74-75
Samsara und, 29-30
Alter, 40-42
  Siehe auch Alterung
Alterung, 42
Angst, 17, 70, 100
Anhaften, 17, 133
Anrufungen, sechzehn, 131-133
Ansammlung, Pfad der, 130-135, 159-160
Anstrengung/Bemühung/Streben, 69, 70
  vollkommenes Streben (als Glied des Achtfachen Edlen Pfades), 141, 144, 160
Arhats, 112, 113, 147
Armutsmentalität, 79
Atem, Meditationsanweisungen für den, 152-153
auf dem Pfad des Sehens, 138, 160
auf dem Pfad der Verbindung, 134, 136-137, 160
  vollkommene (Glied des Achtfachen Pfades), 141, 144, 160
Auffassung/Sichtweise, 64, 65, 155
  Klesha der, 74
  vollkommene (Glied des Achtfachen Pfades), 141, 142, 143, 160
Aufhören (die Dritte Edle Wahrheit), 52, 103, 117
  die Auffassung/Perspektive des Hinayana, 97, 89, 101, 113, 115
  erreichen, 117-118
  Kerze als Analogie für, 96
  Möglichkeit des, 24, 91, 94, 96
  Samsara und, 35, 94
  Streben nach, 98
  und der Weg, 97
  unterschiedliche Abstufungen von, 104

Siehe auch zwölf Aspekte von Aufhören
Aufhören, Aspekt von, 98, 107, 158
 auf dem Pfad der Ansammlung, 131, 133, 135
 kultivieren, 107
 verdienstvolles Karma, eine Art von, 80, 156
Ausgeglichenheit (Tib.: tang-nyom), 109, 160

Befreiung
 flüchtige Eindrücke von, 90-91
 individuelle, 31, 97-98, 101
 unterschiedliche Ausprägungen von, 96-97
 Siehe auch Erleuchtung
Begehren/Verlangen, 17, 64, 72, 155
 Siehe auch Leidenschaft
Bereich der eifersüchtigen Götter, 114
Bereich der formlosen Götter, 114
Bereich der hungrigen Geister, 114
Besorgnis, 17
 anerkennen, 26, 27
 elementare, 20-23, 26, 29-30
 sehnlichst ein Mittel gegen sie suchen, 27
 überwinden, 24
Bewusstsein, Skandha des, 64
Bodenlosigkeit, 109
Bodhi, die sieben Glieder von, 138-140, 160
Bodhisattva-Weg, 134-135
Bodhisattvas, 104
Böswilligkeit, 80, 86
Buddha, 112
 Bedeutungen des Wortes, 91, 93
 der Buddha, den Sie schon in der Hand halten, 31
Buddha-Natur, 105, 124
Buddha, der (Shakyamuni), 23-24, 91
 Autorität des, 25
 erste Lehrrede des, 17-18, 95
 seine Befreiung/Erleuchtung, 96-97, 98-99
 weltliche Normen und Gesetzmäßigkeiten, die für ihn Geltung hatten, 55

Buddhadharma, der Weg des, 31-33
 als nichttheistische Disziplin, 34
Buddhaschaft, 94-95, 97
Buddhismus, 26-27, 144-149
 die drei Yanas des, 29, 32-33
 Freistil, 75
 Frieden im, 117
 in Unterscheidung von anderen Wegen, 128
 Schmerz im, 53-54, 55
 Zen, 100
 Zufriedenheit aus Sicht des, 55
 Siehe auch Buddhismus; Dharma

Christentum, 114

Daseinsbereiche, 27-29, 114
Dharma, 70, 101
 als Heilmittel, 174
 herabsetzen, 80
 karmische Auswirkungen des Praktizierens, 84, 157
 Rad, die erste Drehung des, 17-18
 seine Ausrichtung, 130
 seine Beschaffenheit, 145-149
 seine Tiefgründigkeit, 108-109
 Siehe auch Weg (die Vierte Edle Wahrheit); spiritueller Weg
Dharmas, auseinanderhalten, 138, 160
Disziplin, 100-101, 108
drei Juwelen[19], 84, 157
drei Kategorien von Samsara, 93-94, 157
Dritte Edle Wahrheit. *Siehe* Aufhören
Dualität, 108
Duhkha. *Siehe* Leid (die Erste Edle Wahrheit)
Dummheit, 30, 64
 die Erste Edle Wahrheit und, 58
 Wurzel-Kleshas und, 72, 74

Edler Achtfacher Pfad. *Siehe* Achtfacher Pfad
„edles Prajna", 110
Ehrlichkeit, 80, 156
Eifersucht, 17, 79
Einfachheit, 107
Einmalwiederkehrer, 112
Eingerichtetheit, 134, 137, 139, 144, 160

179

Einsicht, 36, 124, 159
Emotionen, 62-63
  Siehe auch Kleshas
Empfindung, das Skandha der, 64
Energie, 117, 144
Entstehung des Leids und, 71
Entstehung des Leids (Zweite Edle Wahrheit), 59-61, 70, 71, 155-157
  Aufhören und, 104-105
  eine Annäherung im Geist einer kontemplativen Praxis, 69
  Gewahrsein und, 64
  ihr Voranschreiten, 62-63
  Karma und, 74-82, 86-87
  Klesha und, 71-74, 86-87
  Prajna und seine Rolle für das Hinausgelangen über die, 110
  und Samsara, ihre Beziehung zu, 35
Entzücken, 137
Erbsünde, 52
ererbtes Leid, 38-46, 154
Erinnerung, 136-137
Erleuchtung, 98, 103-104, 141, 144, 145
  Sieben Glieder der, 138-140, 160
  Siehe auch Erwachen; Befreiung
Erlösung, 65
  individuelle, 31, 98-99, 101
  Stufen der, 112-113
Erste Edle Wahrheit. *Siehe* Leid.
Ertrag 123, 125-126, 159
Erwachen, 91-93
  Siehe auch Erleuchtung
Eternalismus, 64, 65, 66-68, 70, 155
  überwinden, 121, 126, 158
Extreme, die beiden, 65-68

Faulheit, Freiheit von, 139
Festhalten, 17
  Siehe auch Anhaften
Fixierung
  alles durchdringendes Leid und, 51
Form, Skandha der, 64
Freiheit, 101, 114 *Siehe auch* Erleuchtung
Freude, 17, 18, 148
  alles durchdringendes Leid und, 46, 49
  auf dem Pfad des Sehens, 138-139, 160

Freude, 30, 43
  alles durchdringendes Leid und, 48, 49
  das Streben nach ihr überwinden, 121, 126, 158
  Schmerz aufgrund von, 27-29, 52-53
freudige Anstrengung, 58, 148
  auf dem Pfad der Verbindung, 134, 136, 160
  auf dem Pfad des Sehens, 138, 160
Frieden, 17, 18
  Entwicklung von, 100
  Siehe auch Nirvana
  vollkommener, 117
fünf Anhäufungen. *Siehe* Skandhas, fünf
fünf Pfade, 112, 99, 130 144-145, 148, 159-160
  Ansammlung, Pfad der, 130-135, 159-160
  Meditation, Pfad der, 141-144, 160
  Nicht-mehr-Lernen, Pfad des, 112, 141, 144, 160
  Prajna und, 127
  Sehen, Pfad des, 137-140, 141, 142, 125
  Verbindung, Pfad der, 103-105, 160
„Fünf Schatzsammlungen" (Five Treasuries/The Treasury of Knowledge von Jamgon Kongtrul), 105-115
Furchtlosigkeit, 79

Ganzheitlichkeit/Gesundheit, 26, 100-101, 157
Geburt, 17, 38-39, 46, 51, 52-55, 154
Geburt und Tod, die Zeitspanne zwischen, 38, 46-48
Gedanken
  alles durchdringendes Leid und, 48-49
  auf dem Pfad der Ansammlung, 131, 133
  Aufhören und, 105
  diskursive, 79
  in der Meditationspraxis, 152
  Karma und, 36, 38
  und die Zweite Edle Wahrheit, 59, 62-63
Geist
  auf dem buddhistischen Weg, 119

auf dem Pfad der Ansammlung, 131
Aufhören und, 107
nicht verdienstvolles Karma des,
    79-81, 156
und Körper, 138-140
Geistesabwesenheit, 58
geistige/innere Sammlung, 64
    Siehe auch Samadhi
Gelassenheit und Samsara, 72
gemeinsamer Weg, 128-129, 130
Geradlinigkeit, 80, 156
Gesundheit
    auf dem Weg, 130, 135
    Aufhören und, 96, 110, 114
    entwickeln, 103
    Siehe auch grundlegende Gesundheit
    und ihre Auswirkung auf Schmerz
        und Leid, 53
Gewahrsein, 151
    Aufhören und, 94-95
    die beiden Extreme und, 68
    Leid und, 59
    Verlust des, 58-64
gewöhnliches Leben/Dasein. *Siehe* Alltag
Gewohnheitsmuster (durch Gewohnheit ausgeprägte Muster)
    der Vermeidung dienende, 75
    Siehe auch fünf Skandhas
    auf der Stufe von Ertrag (vierte Qualität des Weges), 125-126
    Schleier der gewohnheitsmäßigen
        Tendenzen, 62
    auf dem Pfad der Meditation, 143
    bei Krankheit unter ihrem Verlust
        leiden, 43
    Leid verursachende, 35-37
    ihr Verlust durch den Tod, 44
    Siehe auch sieben ichbezogene Muster (feste Muster)
    des Ego, 34, 95
Glück, 147
    aufrechterhalten, 20-21
    der Mythos vom wahren, 27
Gokpa (Tib.). *Siehe* Aufhören; Erleuchtung
Gott, 27
Götterbereich, 114, 128
göttliche Verwirklichung, 113

Gottheit, 114,
Großzügigkeit, 80, 156
grundlegende Gutheit, 26, 61
grundlegendes Gesundsein, 107, 108,
    124, 125
Gutheit/Gutsein
    auf dem buddhistischen Weg, 130
    partielle, 86
    Siehe auch grundlegende Gutheit

Heiligkeit, 80, 82, 156
Hilflosigkeit, 43
Hinayana, 26
    andere Yanas, ihre Beziehung zum,
        31-32, 115, 149
    Aufhören/Befreiung im, 97, 98, 102,
        112-113, 115
    Aufmerksamkeit im, 63
    Bewusstsein im, 66-67
    Leid und, 29, 30
    Nirvana im, 125-126
    Samsara, die Strategie im Umgang
        mit, 86-87, 132
Hindernis/se
    aus karmischen Auswirkungen sich
        ergebende, 82
    das Ich als, 34
    für das Aufhören, 90, 107, 112
    für den Weg, 95, 122
    Samsara als ein, 91-93
    unser Streben nach Freude als ein,
        121
Hinduismus, 66, 113, 114
Hirschpark, 17
Höllenbereich, 114
hoffen, jemandem Leid und Schaden
    zuzufügen, 79-80, 156
Hoffnung, 27, 98, 117
Hoffnungslosigkeit, 75
Humor, 30, 35-36, 117

in angemessener Weise essen, 100, 157
Ich
    als Empfindung eines Zentrums,
        121-123, 126
    Aufhören und, 118
    die beiden Extreme und, 68
    die Vier Edlen Wahrheiten und, 34

181

Eternalismus und, 70
Leid/Schmerz und, 59
zweifaches, 144, 148
Ichlosigkeit, 120, 121, 160
In den Strom Eingetretene, 112
individuelle Erlösung, 31, 97-98, 101
Intellekt, 110
auf dem Pfad der Verbindung, 134, 138, 160
auf dem Pfad des Sehens, 138
Intrige, 78, 156
Irritation, 58-59

Jhana-Zustände, 112, 113
Siehe auch Versenkung, meditative
Jamgon Kongtrul, 14, 53, 105, 115

Karma, 71, 155-156
auf dem Pfad der Meditation, 141
Entstehung des Leids und, 71, 74-76
gemeinschaftlich erfahrenes, 84-85, 122, 157
karmische Samen, 36
Leid und, 37, 38
nicht verdienstvolles, 76-80, 86, 155-156
sein vollkommenes Aufhören (Glied des Achtfachen Pfades), 141, 143, 160
seine Auswirkungen, 74, 82-87, 143, 156-157
töten (Leben nehmen), 76, 78, 156
transformieren, 84, 87
verdienstvolles, 80-82, 86, 156
verhindern, 94, 104
klares Sehen, Weg des, 11
Klarheit, 98, 110, 159
Siehe auch Einsicht
Klatsch (unnützes Gerede), 78-81, 156
Kleshas (Skt.), 26-29
Aufhören und, 105, 107, 109
Entstehung der, 61-62
Entwicklung der, 70-71, 72
ihre Ausprägungen, 21-22
sechs Wurzel-Kleshas, 71-74, 86, 155
Siehe auch Neurose
Körper
als Quelle von Schmerz und Leid, 52-55

für ihn sorgen, 72-73
in der Meditationspraxis, 100-102
nicht verdienstvolles Karma seitens des, 76-78, 156-157
und das durch den Tod hervorgerufene Leid, 44
Kokon, 61
Krankheit, 17, 38, 42-43, 46, 51, 52-55, 154
Kün-djung (Tib.:). *Siehe* Entstehung des Leids (die Zweite Edle Wahrheit)

Langeweile, 49
Leben nehmen/töten, 76, 78, 156
Lebensunterhalt, vollkommener (Glied des Achtfachen Pfades), 141, 143-144, 160
Leerheit (Skt.: shunyata), 65-67, 120, 121, 158
Lehrer. *Siehe* spiritueller Meister
Leid (die Erste Edle Wahrheit), 17, 27, 29, 75, 154
als Grundlage, 127
an ihm Leiden, 51, 154
Definitionen von, 35
drei Muster von, 51-55, 154
erkennen, 26-32
Heilung für, 148-149
Immunität für, 49-51
Notwendigkeit, es zu verstehen, 35-37
überwinden, 110, 120, 121
und Samsara, 35, 94-95, 157
verstehen, 59
Siehe auch acht Arten von Leid
Leidenschaft, 21-22, 61, 87
feste Muster der, 64, 68, 155
Reich der, 112-113
sexuelles Fehlverhalten und, 76, 78
untersuchen, 133
Wurzel-Klesha der, 74
Siehe auch Begehren/Verlangen
Leidenschaftslosigkeit, 117, 158
letzte Wahrheit, 142
Lücke, 84, 94
Lügen, 78, 156
Lust, 23, 61, 68, 72, 82
Siehe auch Leidenschaft

Mahayana-Weg, 31-32, 105, 115, 144
makellose karmische Auswirkungen, 84, 85, 86, 157
Mantra der Erfahrung, 131-133, 159
Meditation
    als Heilmittel, 148-149
    die beiden Extreme und, 66
    die Zweite Edle Wahrheit und, 63
    Einfachheit und, 107
    Ganzheitlichkeit/Gesundheit und, 101, 157
    ihr Ergebnis (Tib.: *shin-djang*), 97-100
    in nichttheistischer Tradition, 141
    Inspiration zur, 108
    Instruktionen zur Meditation, 151-152
    Karma während der, 71
    psychologische Entwicklung durch, 144-145
    und Leid, ihre Rolle für dessen Verständnis, 59
    vollkommene (Glied des Achtfachen Pfades), 141, 144, 160
    Siehe auch Einsgerichtetheit; Shamatha; die Praxis der Sitzmeditation
Meditation, Pfad der, 141-144, 160
Meinung (Sichtweise) als Wurzel-Klesha, 72, 74, 155
menschlicher Daseinsbereich, 114
Menschlichkeit, 20

Nachlässigkeit, 100
Nagarjuna, 113
nationales Karma, 85
negative Worte, 78, 156
Neid, 79
„Neureichen-Samsara", 29
Neurose, 21, 145
    alles durchdringendes Leid und, 48
    Aufhören und, 107, 158
    die sich erschöpfende, 117
    hinausgelangen über, 124
    überwinden, 24
    und wirklicher Schmerz, 53
    Siehe auch Besorgnis; Kleshas
Nicht-mehr-Lernen, Pfad des, 112, 141, 144, 160
Nichtexistenz/etwas Nichtexistierendes, 53

Nichttheismus, 71, 121
Nichtwiederkehrer, 112, 113
Nidanas, 62, 74, 141, 143
Nihilismus, 64, 65-67, 68, 155
Nirmanakaya, 55
Nirodha (Skt.). *Siehe* Aufhören (Dritte Edle Wahrheit)
Nirvana
    dauerhaftes, 125-126, 159
    die Nöte von, sie überwinden, 114-116
    Möglichkeit, es zu erfahren, 95
    Samsara und, 35
    Siehe auch Aufhören (Dritte Edle Wahrheit)
    und Zeichen für das Aufhören von Samsara, 109
Nyönmong (Tib.), *Siehe* Klesha

Offenheit, 59, 80-82, 115, 139, 158
Oryoki-Praxis, 100

Pingpongball (der Fixierung), 93-94
Prajna (Skt.), 110, 113
    Siehe auch Intellekt
Pratimoksha (Skt.). *Siehe* individuelle Erlösung

Rede
    nicht verdienstvolle, 78-79, 156
    verdienstvolle, 80, 156
    vollkommene (Glied des Achtfachen Pfades), 141, 144, 160
Reinigung, vollkommene, 117, 158
relative Wahrheit (Tib.: kündzop), 133, 124, 160
ruhen, 100, 157

Saddharma (Skt.), 148-149
Samadhi (Skt.)
    auf dem Pfad der Meditation, 144
    auf dem Pfad des Sehens, 137, 138, 139, 160
    unterschiedliche Betrachtungsweisen von, 129
    Siehe auch Einsgerichtetheit
Samsara, Ursache für, 93-94, 157
Samsara, 61, 78, 91-93

die Hinayana-Herangehensweise an, 86-87
die Vier Edlen Wahrheiten und, 34-35
drei Kategorien von, 93-94, 157
Entstehung des Leids und, 70-71
hervorbringen, 23
Neureichen-S., 29
Sehnsucht nach, 136-137
sein alles erfassender und durchdringender Charakter, 27-30, 32
und Nirvana, über beides hinausgelangen, 115, 118
verstehen, 31
Samskara (Skt.), 141, 143
Sanftmut 82, 156
Sarnath, Indien, 17, 95
Schlaf, 93, 157
Schleier. *Siehe* Verdunkelung
Schmerz
 als Bezugspunkt, 27-29
 Freude und, 30
 Tendenz zu, 61-62
 überwinden, 55
 verstehen, 27, 53
 wahrnehmen: ihn so sehen, wie es ist, 30
 Siehe auch Leid (die Erste Edle Wahrheit)
Schulung, 97, 141, 160
 Siehe auch Meditation; Weg; Shin-djang
sechs Daseinsbereiche, 27-29, 114
sechs Wurzel-Kleshas, 71-72, 86, 155
sechs Arten von karmischen Auswirkungen, 82-83; 156-157
Sehen, Pfad des, 137-139, 141, 142, 125160
Selbst, Vorstellung von einem, 36
 im Tod, 45-46
 untersuchen, 34
 Siehe auch Ich
Selbstdisziplin, 97, 109-110
sexuelles Verhalten
 Fehlverhalten, 76, 78, 161
 Gesundheit, 86, 156
Shamatha (Skt.), 31, 32, 100, 148
 auf dem Pfad der Ansammlung, 131, 133

auf dem Pfad der Verbindung, 136
auf dem Pfad des Sehens, 139
Aufhören und, 105, 107
Disziplin von, 124, 131, 133
Karma, während man sich in dieser Praxis übt, 104
Prajna, wie es sich durch das Üben von S. entwickelt, 110
Shamatha-Vipashyana, 98
Shin-djang (Tib.)
 auf dem Pfad des Sehens, 107
 entwickeln, 97-100
sieben ichbezogene Muster (feste Muster) 64-68, 155
sieben Glieder der Erleuchtung, 138-139, 160
Sinneswahrnehmungen
 wertschätzen, 137
 Alter und, 40, 42
Sitzmeditation/Praxis der S.
 Besorgnis und, 29, 31
 Disziplin, ihre Rolle in der, 101
 ihre Bedeutung für den Weg, 124-125
 Karma, Auswirkung auf, 84
 Körperhaltung bei der, 151-152
 Siehe auch Meditation, Shamatha
Skandhas, fünf, 17, 36
 alles durchdringendes Leid und, 52
 als etwas einem selbst Zugehöriges betrachten, 64, 155
 Entstehung der, 62
Soheit, 124, 136, 141, 158
Sorgfalt, 100, 101, 157
Spiritualität, 48
spiritueller Materialismus, 65, 94-95, 121
spiritueller Meister, 65, 113-114, 142
spiritueller Weg, 82
 der gemeinsame, 127-128
 Eigenschaften und Auswirkungen, 34-35
 freudige Anstrengung auf, 58
 Siehe auch Weg (Vierte Edle Wahrheit)
Stehlen, 76, 78, 156
Stolz, 22, 23
 im Kontext von Aufhören, 108
 Wurzel-Klesha des, 72, 155

Täuschung, 23, 24
Theismus, 70, 114
Tiefgründigkeit, 107-109, 158
Tierreich, 114
Tod, 17
   Eternalismus und, 70
   der Schmerz/das Leid des Todes, 38,
      43-45, 51, 52-55, 145, 155
Transparenz, 105, 133
Traumzustand, 93
Traurigkeit, 17
Trennung, Schmerz der, 44
Trungpa, Chögyam, 101

Überzeugung (Tib.: ngepar shepa),
   131-132
Umwelt, achtgeben auf, 101-102
Unterhaltung
   Alter und, 40-42
   Ich-Fixierung und, 52
   Kleshas und, 71-73
Unwissenheit, 17, 87, 148
   auf dem Pfad der Meditation, 143
   feste Muster der, 64, 68, 155
   grundlegende (Skt.: avidya), 74, 141
   Klesha der (Tib.: timuk), 72, 74, 155
   Kokon der, 61
   Leid und, 58
Unwohlsein/Unannehmlichkeit, 22,
   43, 49
Unzufriedenheit, 48, 58

Vajrayana, 31, 32, 97, 112, 149
Varanasi, Indien, 17
Veränderung, Leid aufgrund von 51-52,
   155
Verbindung, Pfad der, 134-137, 160
Verdienst, das, 131
verdienstvolle Handlungen, zehn, 80-82
Verdunkelung, 62
Verfehlungen, zehn, 76-81
Vergänglichkeit
   als Mittel, um über die Vorstellung
      von Ewigkeit hinauszugelangen,
      121
   der Vier Edlen Wahrheiten, 132-133
   sich vor ihr schützen wollen, 64, 65,
      155

   überwinden, 120
   von Zeit und Raum, 133
Verlagerung der Aufmerksamkeit, 62-63
Versenkung, meditative, 105, 112, 113,
   130, 157
   Siehe auch Samadhi
Vertrauen, 134-136, 160
Verwirklichung. *Siehe* Verstehen, voll-
   kommenes (Glied des Achtfachen
   Pfades)
Verwirrung, 59
   an der Wurzel durchschneiden, 133
   die Kleshas und, 71-73, 74
   Samsara als Samen der, 93, 94, 157
   und die Erfahrung von Schmerz und
      Leid, 53, 58
   zum Zeitpunkt des Todes, 46
   Siehe auch Unwissenheit, Dummheit
Verzicht, 115, 128, 134, 158
   Arten von, 130
   beim Durchtrennen karmischer
      Bindungen, 143
Vier Edle Wahrheiten, 17, 91, 95, 148
   ihre Unterteilungsmöglichkeiten,
      34-35
   und die 16 Anrufungen, 131-133, 159
   Siehe auch Leid (die Erste Edle Wahr-
      heit); die Entstehung des Leids
      (die Zweite Edle Wahrheit); das
      Aufhören (die Dritte Edle Wahr-
      heit); der Weg (die Vierte Edle
      Wahrheit)
vier Möglichkeiten, Ganzheitlichkeit
   und Gesundheit zu entwickeln,
   100-102, 157
vier Qualitäten des Weges, 122-126
Vierte Edle Wahrheit. *Siehe* Weg
Vipashyana, 133
Vision der großen östlichen Sonne, 79
vollkommenes Verstehen (Glied des
   Achtfachen Pfades), 141, 142, 143,
   144
Vorstellung, das Skandha der, 64
vorzügliche Qualitäten wertschätzen,
   84, 157

wach/Wachheit, 31, 34, 79, 82, 91-93,
   105, 136, 148

Wahrhaftigkeit, 104, 139-140
Wahrheit, zweiteilige, 133-134, 159-160
Wahrnehmung
  fehlerhafte, 72
  Sinneswahrnehmung, 41, 42, 137
Wahrnehmung-Impuls (eines der fünf Skandhas), 64
Weg (die Vierte Edle Wahrheit), 158-160
  Aufhören und, 97
  Beschaffenheit des, 120, 122, 126
  der buddhistische im Unterschied zum allgemeinen, 128
  ein Missverständnis in Bezug auf, 127
  Hindernisse für den, 95
  Logik des, 147-148
  Verlauf des, 120-121, 128, 158
  vier Qualitäten des Weges, 122-126, 158-159
  Zweifelsfreiheit, 126
  Siehe auch fünf Pfade; spiritueller Weg
Weisheit und Güte, 80, 156
Wertschätzung, 136
Wiedergeburt
  karmische Auswirkung, 82-83
willentliches Handeln, 74-75, 82-83, 143, 156
  Siehe auch Karma
Wohlbefinden, 98
Würde
  Aufhören, Zeichen von, 109-111
  Entwicklung von, 100
  nicht glauben an, 80
  Selbstlosigkeit und, 115
  Siehe auch Ichlosigkeit
Wunder, 113
Wunschdenken, 79
Wut, 17
  Wurzel-Klesha der, 72, 73, 83, 155
  nicht verdienstvolles Karma und, 76

zehn Verfehlungen, 76-80
Zen-Buddhismus, 100
Zentrierung, 121
Zufriedenheit (Tib.: chok-she), 130, 134
Zustand von Brahma, 114
Zuversicht, 104, 136, 147
Zweifel
  auf dem Pfad der Meditation, 130
  Notwendigkeit von, 119
  Wurzel-Klesha des, 73-74, 155
Zufriedenheit, 49, 134
Zweite Edle Wahrheit. *Siehe* Entstehung des Leids
zwölf Aspekte von Aufhören, 105, 157-158
  Auslassung, mit, 114
  Auslassung, ohne, 114-116
  geschmückt, 113-114
  letztendlich, 110
  Natur, 105-107
  Schmuck, ohne, 113
  Tiefgründigkeit, 107-109
  über alles hinausgehend, 115, 118
  unermesslich, 115-117
  Unvollkommenheit, 110-112
  Zeichen von Vollkommenheit, 112-113
  Zeichen, 109-111
zwölf Nidanas, 62, 74, 141, 143

Sollte ein gesuchtes Stichwort nicht im angegebenen Seitenbereich aufzufinden sein, bitten wir, auch die vorausgehende oder nachfolgende Seite einzubeziehen.

ANMERKUNGEN

1. Kapitel

1 Den psychologischen Begriff Neurose hat Trungpa Rinpoche nicht im strikt freudschen Sinn verwendet, sondern damit auf die allgemein menschliche Erfahrung der widerstreitenden Emotionen verwiesen. Den spirituellen Weg hat er gern als eine Reise von der Neurose zur Gesundheit dargestellt, statt sich einer stärker religiös oder philosophisch geprägten Ausdrucksweise zu bedienen.

2 Innerhalb des buddhistischen Systems der sechs Daseinsbereiche gibt es drei höhere Bereiche (den Götterbereich, den Bereich der eifersüchtigen Götter und den menschlichen Bereich) und drei niedere Bereiche (den Tierbereich, den Bereich der hungrigen Geister und den Höllenbereich). Diese Bereiche können sich auf psychologische Zustände oder auf Aspekte der buddhistischen Kosmologie beziehen. Weiter gehende Erläuterungen dazu finden Sie in: Chögyam Trungpa, Der Mythos Freiheit und der Weg der Meditation, übers. v. Sylvia Luetjohann, Theseus, Küsnacht 1989.

2. Kapitel

3 Nach überkommenem buddhistischen Verständnis besteht diese Form von Leid darin, nicht zu bekommen, was man will. Trungpa Rinpoche nimmt hier eine Erweiterung vor und bezieht „nicht wissen, was man will" mit ein.

5. Kapitel

4 Laut *Mind in Buddhist Psychology*, übersetzt von Herbert Guenther und Leslie Kawamura (Dharma Publishing, Emeryville, Calif., 1975), sind die 21 sekundären Kleshas: Empörung, Groll, Gerissenheit/Heimlichtuerei, Trotz, Eifersucht, Gier, Hinterlist, Unaufrichtigkeit, Wichtigtuerei, Gehässigkeit, Schamlosigkeit, mangelndes Anstandsgefühl, Schwarz-

malerei, Überschwänglichkeit, fehlendes Vertrauen, Faulheit, Gleichgültigkeit, Vergesslichkeit, Unaufmerksamkeit und Oberflächlichkeit.

5   Je nach Kontext verwendet Trungpa Rinpoche voneinander abweichende Formen der sechs primären Kleshas. In den meisten Fällen (1) Leidenschaft, Aggression, Unwissenheit, Hochmut/Stolz, Neid/Eifersucht und Gier/Geiz/Knauserigkeit/nicht mit der Sprache herausrücken; und (2) Begierde, Wut, Stolz, Unwissenheit, Zweifel und Meinung.

6   Lifesaver: eine amerikanische Bonbonmarke mit ringförmigen (wie ein Rettungsring geformten) Pfefferminz- oder Fruchtbonbons. (Anm. d. Übers.)

7   Das Wort Karma hat zahlreiche Bedeutungen. Zunächst einmal heißt es ganz schlicht Handlung und bezieht sich in dem Sinn auf die Vorstellung von Ursache und Wirkung, dass die Handlungen der Vergangenheit unsere gegenwärtige Situation geprägt haben und die gegenwärtigen Handlungen die Umstände gestalten, denen wir in Zukunft begegnen werden. Die Umstände, in die wir hineingeboren werden, können wir zwar nicht verändern, hingegen können wir durch unsere gegenwärtigen Entscheidungen und Handlungen unsere Zukunft beeinflussen. Karma-Lehren sind eng mit der Vorstellung von Wiedergeburt verknüpft – der Auffassung, dass in diesem Leben und über viele Lebzeiten hinweg unsere Erfahrung nicht eine fest in sich gefügte Sache ist, vielmehr etwas, das immer wieder zustande kommt, sich manifestiert und auflöst.

8   Wenn Trungpa Rinpoche über Karma spricht, stellt er die Unterweisungen zur Umwandlung ungünstiger in günstige karmische Umstände in den Kontext der Möglichkeit, über karmische Ursachen und Bedingungen voll und ganz hinauszugelangen.

8. Kapitel

9   Mittels der fünf Pfade – dem Pfad der Ansammlung, dem Pfad der Verbindung, dem Pfad des Sehens, dem Pfad der Meditation und dem Pfad des Nichtmehrlernens – kann man jedes der drei Yanas beschreiben. Trungpa unterscheidet hier zwischen dem Pfad des Nichtmehrlernens im Sinn eines Hinayana-Verständnisses und seinem Verständnis aus der Perspektive des Vajrayana.

10 Im Allgemeinen hat Trungpa Rinpoche lieber die Sanskrit-Terminologie verwendet, zum Beispiel Dhyanas für meditative Versenkungszustände. Hin und wieder griff er jedoch auch auf den Pali-Begriff Jhanas zurück (da Pali die Sprache der Hinayana-Texte ist), wenn er von den meditativen Versenkungszuständen sprach.

11 Der große Logiker Nagarjuna (etwa zweites bis drittes Jahrhundert) hat einen dialektischen Ansatz entwickelt, mit dessen Hilfe er jeden Versuch, eine logisch fest gegründete Position zu vertreten, untergraben hat. Dieser Ansatz wurde zur Grundlage der Lehre vom „Mittleren Weg", der Madhyamaka-Schule.

12 Trungpa Rinpoche ist in der Kagyü- wie auch der Nyingma-Überlieferung des tibetischen Buddhismus ausgebildet worden.

13 Trungpa Rinpoche verwendet Brahma, um auf eine stärker personalisierte Vorstellung des Brahma-Zustands im Sinn einer Gottheit (wie in der Hindu-Dreiheit aus dem Schöpfer Brahma, dem Erhalter Vishnu und dem Zerstörer Shiva) zu verweisen; und Brahman (die Hindu-Bezeichnung für das Absolute), um auf eine subtilere Verständnisebene zu verweisen.

10. Kapitel

14 Diese Unterteilung des Pfades in fünf klar voneinander unterscheidbare Stufen wird Atisha Dipankara (990-1055) zugeschrieben, der diese Unterscheidung in seinem Werk „Licht auf dem Weg zur Erleuchtung" (Skt. Bodhipathapradita) vorgenommen hat. Bei Gampopa wird sie ebenfalls erörtert. (Siehe: Gampopa/Kostbarer Schmuck der Befreiung, hrsg. u. übersetzt von Sönam Lhündrup, Norbu, Obermoschel 32007.

15 Den vier Teilen dieses Buches wurde je eine der ersten vier Anrufungen als Motto vorangestellt.

16 In Hinblick auf Prajna und die fünf Pfade ordnet Trungpa Rinpoche in den Hinayana-Mahayana Seminary Transcripts aus dem Jahr 1973 den gesamten Ausdruck Prajnaparamita dem vierten Pfad zu – dem Pfad der Meditation, der die Ebenen zwei bis zehn der überlieferten Stufen, oder Bhumis, des Bodhisattva-Weges umfasst. Ein gewöhnlicher Schüler beginnt mit dem Pfad der Ansammlung, erhascht kurze Einblicke in die Mahayana-Möglichkeiten auf dem Pfad der Verbindung, tritt auf dem Weg des Sehens in das erste Bhumi ein, praktiziert auf dem Pfad der Meditation die Bhumis zwei bis zehn und verwirklicht auf dem Weg des Nichtmehrlernens vollkommene Erleuchtung.

17 Den Achtfachen Pfad legt Trungpa Rinpoche ebenfalls in Der Mythos Freiheit und der Weg der Meditation dar.

18 Der Glaube an ein „Ich" und der Glaube an ein „anderes" werden beide aufgelöst. Weder das Selbst noch äußere Phänomene werden als etwas von sich aus und eigenständig Existierendes angesehen.

19 Eigentlich – in korrektem Deutsch – „die drei Juwele". Allgemein eingebürgert hat sich allerdings: „die drei Juwelen". (Anm. d. Übers.)

DIE AUTOREN

CHÖGYAM TRUNGPA (1940–1987) war ein Meditationsmeister, Lehrer und Künstler. Er hat die Naropa University in Boulder, Colorado, und – unter der Bezeichnung Shambhala International – eine weltumspannende Gemeinschaft gegründet, die in ihren Zentren Meditationskurse anbietet. Er ist Autor zahlreicher wichtiger Bücher, darunter *Aktive Meditation, Der Angst ein Lächeln schenken, Der Mythos Freiheit und Spirituellen Materialismus durchschneiden.*

JUDITH L. LIEF gehörte zum engsten Schülerkreis um Chögyam Trungpa. Als *Acharya* ist sie in der Shambhala-Gemeinschaft berechtigt, Dharma-Kurse, Zufluchts- und Bodhisattav-Gelübde zu geben. Ferner war sie als Dekan der Naropa University tätig und hat das Lektorat bei Vajradhatu Publications geleitet.